„Da steht das Bild eines prächtigen Kärntner-Mädels vor meinen Augen: die Waberl. Ein urwüchsiges, schönes Weib, das die Ruder kräftig führte und den Wellen standhielt. In einer schönen Sommernacht bat ich sie, mich hinauszuführen gegen Maria Wörth. Es lag ein unbeschreiblicher Zauber über dieser Gegend, man mußte von ihm ergriffen werden. Wenn wir Kärntner Gott am nächsten glauben, so weinen wir... und Waberl verstand mich und berührte mit leichten Händen meine Wangen. Auf einem weißen Kärtchen im Lichte des hellen Mondes, umzittert von den linden Wellen, entstand da der ‚Wörthersee‘." *(Überlieferung der Entstehungsgeschichte des Walzeridylls „Am Wörthersee" von Thomas Koschat. Aus Ehrenbuch Veldens, Klagenfurt 1905.)*

© 1984 by Eigenverlag Karner-Weiss, 8820 Neumarkt, Austria, Tel. 03584/2456.
Repros: Fotostudio Weiss, 8820 Neumarkt.
Druck: Buch- und Offsetdruckerei Styria, Ederbastei 3, 8750 Judenburg.
International Standard Book Number: 3-900556-02-4

Der Wörthersee

AUS VERGANGENEN TAGEN

Ein Jahrhundert in Bild und Text

von
Günther Karner
Mario Weiss

Neumarkt, Eigenverlag, 1984

Zum Geleit

In bewundernswerter Eigeninitiative und mit unbefangenem Engagement ist es zwei jungen Autoren gelungen, dem Wörthersee in retrospektiven Ansichten und Texten — vom Beginn der Fotographie bis in heutige Tage — Reverenz zu erweisen und vor den Augen des interessierten Lesers ein fotodokumentarisches Zeit- und Landschaftsbild eines Jahrhunderts rund um den Wörthersee entstehen zu lassen.

Herbert Strutz, ein Dichter Kärntens, schrieb mit dem Blick auf den Wörthersee gerichtet: „Wahrhaft, es ist ein unbeschreiblich schönes Bild, eine Landschaft, deren Harmonie den Menschen zutiefst in seine eigenen Seelengründe hineinführt."

Im Sinne dieses Gedankens wünsche ich den beiden Urhebern dieses gut gestalteten Wörthersee-Bild- und Textwerkes, daß es einen breiten Anklang findet bei den vielen Menschen, welche die Bilder vom Wörthersee aus vergangenen Tagen mit Nostalgie noch in sich tragen. Zugleich wird aber bewußt gemacht, welch ungeheure Aufwärtsentwicklung das Wörthersee-Gebiet in den letzten Jahren und Jahrzehnten mitgemacht hat.

Leopold Wagner
Landeshauptmann von Kärnten

Vorwort

In der Mitte des vergangenen Jahrhunderts, als die ersten Fotografien im Gebiet des Wörthersees entstanden, begann auch die touristische Erschließung dieser Region. An Hand der repräsentativsten Aufnahmen, die seit jener Zeit entstanden sind, Bilder, die längst oder fast Vergessenes wieder aufleben lassen, Fotos, die bauliche bzw. landschaftliche Veränderungen aufzeigen und einen vergangenen und vielleicht wiederkehrenden Lebensstil ausdrücken, lassen wir die vergangenen Tage Revue passieren. Um den Leser aber auch über historische Begebenheiten und Entwicklungen sowie über den Zeitgeist der verschiedenen Jahrzehnte zu informieren, verbanden wir die Fotografien mit Zitaten aus der Literatur, wenn möglich aus den Werken, die über den Wörthersee verfaßt wurden.

Wir hoffen, daß es uns mit dieser erstmalig versuchten Foto- und Textdokumentation gelungen ist, dem Leser das Emporstreben der einstigen Fischerdörfer zu den heute äußerst beliebten Ferienorten veranschaulicht zu haben.

Nur unter Mithilfe vieler ortskundiger und hilfsbereiter Menschen war es möglich, dieses Werk zu vollenden. An dieser Stelle möchten wir uns nochmals recht herzlich bei allen bedanken, die uns in vielen Stunden über die vergangenen Tage erzählten.

Klagenfurt, im Oktober 1984

Günther Karner, Mario Weiss

Aus vergangenen Tagen

Um die Mitte des vergangenen Jahrhunderts waren die Orte um den Wörthersee noch kleine, unbekannte Fischerdörfer. Wie ergiebig die Fischerei am Wörthersee einst gewesen ist, beweisen die Aufzeichnungen des Stiftregisters der Herrschaften Taggenbrunn und Maria Saal. Danach mußte ein Krumpendorfer Fischer neben allen Abgaben, Steuern und Zinsen, die nicht gering waren, auch noch 700 Reinanken und 25 Hechte jährlich nach Maria Saal liefern. Heute wäre dies nicht mehr möglich, denn der See ist ärmer geworden. Es haben sich jedoch alle Fischarten erhalten.
Als um 1850 der Wert von Luft, Licht und Sonne durch die zunehmende Technisierung immer größer wurde, schienen die Voraussetzungen für den beginnenden Wirtschaftszweig „Fremdenverkehr" endgültig gegeben zu sein. Die Fischerei am See wurde langsam verdrängt.

Pörtschach, 1870

„Die Entwicklung des Tourismus begann in der Mitte des 19. Jahrhunderts mit dem Hinausdrängen der Bewohner der Städte in die Natur. Die Alpenländer — wenig berührt von der industriellen Entwicklung — boten die idealen Voraussetzungen für jene Wünsche, welche die Stadtmenschen an sie stellten: Ruhe, Entspannung und Erholung. Der erste Verein zur Hebung des Fremdenverkehrs in Kärnten wurde schließlich 1884 in Pörtschach gegründet. Doch hatte er keinen langen Bestand. Schon im September 1888 beklagten sich die Villen- und Realitätenbesitzer, daß ‚die Gemeinde kaum die Wege beleuchte und nur mühsam die Straße bespritzt'. Daher sei alles, was der Verein zur Hebung des Fremdenverkehrs ‚Gutes geleistet, durch den Zahn der Zeit und die Indolenz der Bauern zu Grunde gegangen'." *(Günther Burkert, Der Beginn des modernen Fremdenverkehrs in den österr. Kronländern, in Schriftenreihe der Arbeitsgemeinschaft für Wirtschafts- und Sozialgeschichte, Graz 1981.)*

Die ersten Gäste, Krumpendorf, 1872

„Die adeligen Herrschaften, welche den Winter in der Stadt zubrachten, bezogen im Sommer ihre Schlösser am Land. Aber auch jene Familien, welche nicht Eigenthümer einer Landwohnung waren, suchten sich in Bauernhäusern einzumieten; jedoch nicht allzuweit der Stadt entfernt, weil sie selbst die Hauseinrichtung mitbringen mußten und sich bei der damals geringen Post und den sonstigen Verbindungen nicht weiter wegbewegen konnten. Die Landleute waren jedoch in ihrem Hausrat für die Bedürfnisse der Städter nicht eingerichtet, die überließen diesen daher die leeren Stuben. Die Städter mußten also mit Sack und Pack und allen notwendigen Gegenständen hinausziehen. Auch noch heute sieht man alle Jahre zu Beginn der Ferienzeit in Klagenfurt Wägen oder Schiffe mit allerhand Hausrat beladen." *(Der Fremdenbesuch in Kärnten, zur Erinnerung an den zwölfjährigen Bestand des kärnt. Gemeindeblattes, Klagenfurt 1884.)*

Lendhafen mit Dampfer Maria Wörth, Klagenfurt, vor 1873

Während der Recherchen zu diesem Buch sind wir unter anderem auf dieses Foto gestoßen und fanden mit einigen Experten heraus, daß dieses Bild den Raddampfer „Maria Wörth" zeigt. Dies ist laut Fachkreisen das einzige Bild, das von diesem ersten Personenschiff am Wörthersee besteht.
Der Dampfer wurde in einer Maschinenfabrik in Dresden gebaut und 1853 am Wörthersee im planmäßigen Verkehr eingesetzt. Trotz vieler technischer Probleme war die Maria Wörth 20 Jahre am See im Einsatz und wurde 1873 nach einem Gebrechen am Kessel auf Grund gesetzt und anschließend verschrottet.

Pörtschach, um 1875

„Mit der Eröffnung des Eisenbahnverkehrs auf der Strecke Klagenfurt — Villach am 25. April 1864 schlug die Geburtsstunde für den Kurort Pörtschach. Obwohl die Stationsbezeichnung anfangs gar nicht ‚Pörtschach' sondern ‚Maria Wörth' hieß — die Umbenennung folgte erst zwei Jahrzehnte später — war es doch vornehmlich dem neuen Verkehrsmittel zu verdanken, daß immer mehr Erholungssuchende das kleine Dörfchen aufsuchten. Die weitere Entwicklung Pörtschachs erhielt durch eine zufällige Begegnung den entscheidenden Auftrieb. Als im Kriegsjahr 1866 österreichische Truppen auf dem Marsch nach und von Italien durch den Ort kamen, befand sich unter ihnen der junge Dr. Karl Kupelwieser. Auf Wanderungen entdeckte er, welch gottbegnadeter Landstrich hier der Erschließung harrt und ließ 1871 eine Sommervilla erbauen, wo alsbald ein Kreis von hoher künstlerischer Natur zusammenkam, unter anderem Johannes Brahms. Auch Alfred Krupp kam 1885 in Gesellschaft seines Vetters hierher, um Kupelwieser eine leitende Stellung in seiner Kanonenfabrik anzubieten." *(Pörtschach am Wörthersee, Wien 1958.)*

Maria Wörth, 1875

„Es ist beachtenswert, wie langsam die Reiseliteratur und die Kärnten schildernden Werke von den Wörtherseeorten Mitteilungen bringen. Der erste 1861 erschienene ‚Führer von Kärnten‘ von Wagner und Hermann erzählt zwar vom ‚lieblichen Pörtschach‘ und der Aussicht von der Gloriette, von Krumpendorf als Dorf ‚mit mehreren ökonomischen und industriellen Anlagen und Gebäuden‘, von irgendwelchen Fremdenstätten ist keine Rede und Velden wird gar nicht genannt. Jabornegg’s ‚Kärntner Führer‘ von 1874 spricht schon von einer kleinen Gastwirtschaft bei Maiernigg, von einem einfachen Gasthaus am Strand von Maria Wörth — Velden wird noch übergangen. In Meyers Reisebüchern ‚Deutsche Alpen‘, 1878, sind endlich Gasthöfe in Krumpendorf, Pörtschach und Velden genannt, bei Pörtschach auch ein ‚obligater‘ dreimaliger Toilettewechsel erwähnt.“ *(Ludwig Jahne, Wörthersee, Klagenfurt 1927.)*

Velden um 1880

„Am westlichen Gestade des Sees, da wo sich dieser in sanft ansteigendes Acker-, Wiesen- und Waldland ausbuchtet, breitet sich Velden aus, der Schwesterort Pörtschachs und in mancher Hinsicht dessen Rivale. Reizend ist die Lage dieses in fortwährender Entwicklung begriffenen Seebades. Viele geschmackvolle Villen entstanden in den beiden letzten Decennien rings um die einfachen Häuser des Dorfes sowie am südlichen Seeufer, nirgends eng aneinander gedrängt, mit freiem Ausblick auf den Seespiegel und die bilderreiche Landschaft. Zwischen schlichten ländlichen Wohnhäusern und modernen Villen steht in Velden das alte Dietrichstein'sche Schloß, nun zum Eigenthum des unternehmungslustigen E. Wahliß geworden. Es ist nur theilweise erhalten, nämlich dort, wo es zu Wohnzwecken adaptiert wurde." *(Edmund Aelschker, Am Wörthersee, Klagenfurt 1891.)*

Uferpartie, Velden, 1882

„Am 13. März 1881 wurde ein großer Teil des Ortes durch einen Brand eingeäschert. Das Feuer brach um ½ 6 Uhr nachmittags in einem Stadl durch die Unvorsichtigkeit spielender Kinder aus und nahm bei dem orkanhaften Oststurm, der gerade herrschte, eine so rasche Ausdehnung, daß alle Gebäulichkeiten bis zum Richterhause, einschließlich desselben und der Kirche in kürzester Zeit in hellen Flammen standen. Mehrere Tage loderte bald dort bald da eine Flamme auf.
Durch Spenden edler Menschen konnten die Abbrändler, die nur teilweise versichert waren und sehr geringe Entschädigungen ausbezahlt erhielten, ihre Brandstätten bis zum Beginn der Badesaison 1881 wieder aufbauen, wobei Velden vergrößert, modern und feuersicher aus der Asche hervorging. Man kann sagen, daß Velden, das seinen bei dieser Gelegenheit erworbenen guten Ruf bis heute beibehielt, erst nach dem Brande angefangen hat, sich zu einem vornehmen Badeort emporzuschwingen. *(Veldner Chronik, Velden 1983.)*

Badeanstalt, Krumpendorf, 1885

„Thaddäus von Lanner war dank des in der Biedermeierzeit aufkommenden Naturgefühls der Entdecker des Kurortes Krumpendorf. Diesen rühmen der Klagenfurter Führer Josef Wagners aus dem Jahre 1849 und sein Kärntner Führer von 1861, weisen aber sonst nur auf den Schrotturm, den Johann Ritter v. Rainer in den Jahren zwischen 1818 bis 1824 errichtete, hin. Von einem Badebetrieb am Wörther See ist noch keine Rede. Dem Klagenfurter Ausflügler wird lediglich der Rückweg im Kahn in die Landeshauptstadt empfohlen. Der Mattighofener Brauereibesitzerssohn Anton Wieninger schuf dann hier im Jahre 1877 die nach ihm benannte schattige Allee zum See und an deren Ende in der Nähe der heutigen Landungsbrücke die erste Badeanstalt." *(Karl Dinklage, Krumpendorf und Umgebung, Klagenfurt 1960.)*

Pörtschach, 1885

„Vor 25 Jahren kaum mehr als ein unbekanntes Dorf mit 250 Einwohnern, ist Pörtschach heute, Dank der bahnbrechenden Bemühungen einer von Klagenfurter Bürgern gegründeten Actiengesellschaft, eine Sommerfrische ersten Ranges, der schönste und besuchteste Ort am Wörthersee, in dem während der letzten Saison 2100 Fremde Sommeraufenthalt genommen. Wesentlich befördert ward Pörtschachs Aufschwung dadurch, daß der Wiener Industrielle Ernst Wahliss den Besitz der Actiengesellschaft erwarb, das ursprüngliche Bade-Etablissement in großartiger Weise erweiterte, in der Nähe desselben neun comfortabel eingerichtete Villen und drei schmucke Kielboothütten erbaute, die prächtige Restaurationshalle mit Veranden und Terrassen schuf, um alle Gebäude geschmackvolle Gärten entstehen ließ und den Wald auf der schmalen Halbinsel zu einem lieblichen Park umgestaltete." *(Edmund Aelschker, Am Wörthersee, Klagenfurt 1891.)*

Aus vergangenen Tagen

„In frühester Zeit war von einer Badeanstalt selbstredend keine Spur, ebenso auch von Badenden nicht; höchstens daß eine Gruppe von Schulkindern hie und da in paradiesischer Ungezwungenheit am Ufer sich herumtummelte. Den erwachsenen Einheimischen fiel es niemals ein, im See sich zu baden.

Es war daher möglich, sich einen Badeplatz nach seinen eigenen Gelüsten auszusuchen und wurde unserer zufälligerweise gerade da aufgeschlagen, wo jetzt meine Badeanstalt steht. Die Eschengruppen, flankiert von Weidenbüschen, boten einen herrlichen Platz zum Entkleiden und durch das Zusammenziehen der Aeste wurde eine prächtige Laube geschaffen." *(Alfred Leopold, 50 Jahre Pörtschach, Klagenfurt 1908.)*

Ein Blick in das Damenbad, Krumpendorf, 1886

„Langsam wurde für das männliche Geschlecht die Badehose als hinreichend betrachtet. Für die Damen blieben bis zum Ersten Weltkrieg die Verhältnisse unverändert. Ein fortschrittlich gesinnter Mann wie Freiherr Robert von Walterskirchen, der sich 1882 an der Bucht südlich von Oberpritschitz angesiedelt hatte, kaufte bis 1895 eine Menge Gründe zusammen und umgab dann sein ganzes Besitztum mit einer großen Mauer, um dort nicht nur Wild zu hegen, sondern auch mit den Damen und Herren seiner Gesellschaft ungeniert Sonne und Wasser genießen zu können, während dies in der Öffentlichkeit noch unmöglich war." *(Karl Dinklage, Krumpendorf und Umgebung, Klagenfurt 1960.)*

Aus vergangenen Tagen

„Auch viele Prominente bezogen im Sommer ihre Quartiere am See. So verbrachte Johannes Brahms die Sommermonate 1877—1879 in Pörtschach.

In Österreich fand er seine Sehnsucht nach der Schönheit der Natur gestillt. ‚Ja, der Wörther See ist ein jungfräulicher Boden, da fliegen die Melodien, daß man sich hüten muß, keine zu treten!‘ In den Kompositionen, die hier zur Reife gediehen — D-Dur-Symphonie, Violinkonzert und Sonate G-Dur — weicht die oft zitierte Ernsthaftigkeit seiner Musik dem lieblichen Lächeln naturnaher Heiterkeit. Brahms zog während der Arbeit am Violinkonzert öfters den Geiger Joseph Joachim zu Rate, und der Virtuose dankte ihm die Widmung durch unermüdliche Hingabe an das Werk, welches heute gemeinsam mit den Konzerten Beethovens und Mendelssohns zu den unbestrittenen Spitzenwerken der gesamten Violinliteratur zählt."
(Pörtschach am Wörthersee, Wien 1958.)

Bahnhofsrestauration, Krumpendorf, 1888

Ein Vergnügungskomitee unter Leitung des Wiener Architekten Max Schindler von Kunewald sorgte ab 1895 für Abendunterhaltungen in der Bahnhofsrestauration. Es wurde sogar eine Bühne errichtet, für welche die Künstler unter den Gästen die Kulissen entwarfen. Bei einem Lustspiel oder einem Schattenspiel oder beim Beobachten eines Schnellzeichners unterhielt man sich. Andere Veranstaltungen gab es zu dieser Zeit für die Urlauber nicht. Zu später Stunde entfernte man Tische und Stühle und einzelne Herrschaften aus dem Publikum spielten auf dem im Saal vorhandenen Klavier zum Tanze auf. Damals zählte Krumpendorf cirka 600 Gäste, die sich bald kannten und beinahe eine große Familie bildeten.

Damenbad, Krumpendorf, 1889

„Man wagte noch nicht, die günstige Wirkung der Sonne auf den Körper mit der des Wassers zu verbinden. Die Badekostüme der Damen bestanden aus Bluse und Hose und waren am Hals geschlossen, an den Handgelenken und Knöcheln mit gezogenen Rüschen versehen, so daß sie nicht einmal Arme und Beine freigaben. Beim Baden hatten die Damen einen Strohhut über dem Kopf, am Strande bedienten sie sich eines Sonnenschirms. Überdies konnte man in geschlossenen Kabinen, die ins Wasser gebaut und oben gedeckt waren, das Bad benützen ohne hinausschwimmen zu müssen." *(Karl Dinklage, Krumpendorf und Umgebung, Klagenfurt 1960.)*

Landungsstelle, Pörtschach um 1890

„Pörtschach war vor fünfzig Jahren ein Bauerndorf in des Wortes schönster Bedeutung. Die wenigen der ärmlichen Hütten gruppierten sich in der Nähe des Schlosses und um die Kirche und dürfte die Anzahl derselben kaum zwanzig betragen haben. Eine göttliche Ruhe herrschte immerdar, ausgenommen die paar Minuten vor- und nachmittags, wenn das Dampfboot kam; meistens kündigte es sich durch eine größere oder geringere Anzahl von Pfiffen an, je nachdem ob durstige Passagiere an Bord waren, welche so und soviel Maß Bier sich bestellten. Allzulanger Aufenthalt durfte nicht genommen werden, da das Dampfschiff den Postverkehr zwischen Klagenfurt und Velden vermittelte, von wo aus der Postwagen nach Villach Anschluß hatte."
(Alfred Leopold, 50 Jahre Pörtschach, Klagenfurt 1908.)

Nordseite, Velden um 1890

„Der Fremdenverkehr als Masseneinrichtung begegnet uns erstmals in jener Zeit, in der sich das Verkehrswesen von der Postkutsche abwandte und die Eisenbahnen und andere moderne Verkehrsmittel die Beförderung großer Menschenmassen übernahmen. Abgesehen von der Mühsal, die das Reisen mit Wagen und Pferden bedeutet hatte, stellte dieses langsame Vorwärtskommen einen ungeheuren Aufwand an Zeit und Geld dar. Deshalb kann man den Fremdenverkehr vor der Epoche der Eisenbahn auf einen kleinen Kreis begüterter Personen beschränken, für den Massentourismus fehlten aber auch die arbeitsrechtlichen Voraussetzungen. In Österreich wurde erst am 30. Juli 1919 der gesetzliche Anspruch auf Urlaub auf den Großteil der Arbeiter ausgedehnt." *(Günther Burkert, Der Beginn des modernen Fremdenverkehrs in den österr. Kronländern, in Schriftenreihe der Arbeitsgemeinschaft für Wirtschafts- und Sozialgeschichte, Graz 1981.)*

Maria Wörth um 1890

„Gering ist noch der Verkehr am waldigen, kühleren Südufer, weil hier die Communication fast ganz auf das Wasser beschränkt ist. Trotzdem es manche Annehmlichkeit gegenüber dem wärmeren Gegenufer bietet, namentlich die schattigen, hoch und doch zumeist eben führenden parkähnlichen Spazierwege mit herrlichen Aussichtspunkten, ist die Zahl der sich hier niederlassenden Fremden keine bedeutende." *(Edmund Aelschker, Am Wörthersee, Klagenfurt 1891.)*

„Es ist bedauerlich, daß dieser von der Natur so reich bedachte Platz mit Rücksicht auf Wirtlichkeit und Unterkunft so vieles noch zu wünschen übrig läßt, er würde sonst einen der anziehendsten Punkte am Wörthersee bilden." *(Edmund Tullinger, Die Bäder am Wörthersee und deren Umgebung, Wien 1881.)*

Ortsansicht, Maria Wörth, 1893

Als man Maria Wörth um 1880 wieder als Schiffsstation für den neuen Dampfer „Carinthia" ausersehen hatte, begann man intensiv an der Weiterentwicklung dieses Ortes zu arbeiten. Ein Maria-Wörth-Prospekt aus dem Jahre 1887 erwähnt folgendes: „Dampferstation; gute Restauration und Bäder; sehr schöne Aussicht nach Pörtschach".
Die idyllische Lage kam Maria Wörth beim weiteren Aufschwung sehr entgegen. Es gab auch Überlegungen, Maria Wörth wieder in eine Insel umzuwandeln; ein wagemutiges und originelles Projekt, das nie zur Realisierung gelangte.

Blick auf Maria Wörth, Dellach, 1893

„Hinter Maria Wörth, dem Abend zu, liegt das verlassenste, einsamste Stück der Ufer. Dort geht eine kalkweiße Straße dahin, die im Sonnenschein schmerzhaft blendet. Maisfelder kommen bei Dellach nahe heran, und zwischen ihren Zeilen fächelt still der hochstengelige Hanf, suhlen die trägen Kürbisse. Diese Straße führt an Mauern vorüber, hinter denen die Reservate zurückgezogener Menschen liegen. Kilometerweit ist sie keine zehn Meter schnurgerade, in ihren lustigen Windungen hat sie Dutzende von Überraschungen bereit." *(Die Städte Deutschösterreichs, Band IV, Klagenfurt am Wörthersee, Berlin 1929.)*

Reifnitz, 1896

Reifnitz führte vor hundert Jahren ein sehr verborgenes Dasein. Nach Jabornegg-Gamsenegg besaß Reifnitz 1878 bloß ein kleines Gasthaus, an das man keine Ansprüche stellen durfte. Edmund Tullinger schrieb 1881 von einem freundlichen Ort namens Reifnitz, erwähnte aber mit keinem Wort irgendeine Gaststätte und verlor auch kein Wort über den Fremdenverkehr. Man war sich klar darüber, daß es großer Anstrengungen bedurfte, ein paar Gäste in die Wildnis zu locken. Einige Bürger ergriffen nun die Initiative und begannen zu investieren. So verrät Edmund Pummer in seinem 1887 erschienenen Büchlein, daß es in Reifnitz bereits eine Restauration und Sommerwohnungen gäbe.

Maiernigg mit Dampfer Carinthia, 1896

„Zuweilen glaubt der nächtliche Kahnfahrer, er höre aus der Tiefe ein seltsames Tönen und Raunen — wie fernes Glockenge-
läute aus der versunkenen Stadt, die zur Strafe dafür, daß ihre genußtollen Bewohner in gottlosem Uebermute die Christnacht
schändeten, von den Fluten verschlungen ward. Ein kleines, graues Männchen, so berichtet die Sage, hatte die Frevler wieder-
holt gewarnt. Als aber die Warnungen nichts nützten, brachte das Männchen ein Faß und da wuchs und quoll die Flut, in der
die Stadt versank. An ihrer Stelle entstand der Wörthersee." *(Offizieller Wörthersee-Führer, Klagenfurt 1927.)*

1. Tennisplatz, Krumpendorf, 1896

In Krumpendorf gab es schon vor der Jahrhundertwende einen Tennisplatz. Ein Stück Wiese war geebnet worden, darauf streute man einige Fuhren Sand, welcher festgetreten wurde. Anstelle eine Netzes spannte man eine Schnur über den Platz. Die Begrenzungslinien wurden einfach in den harten Boden eingeritzt. Im Vordergrund dieses Bildes sind die Brüder Dr. Anton und Dr. August Adametz erkenntlich, die zu den Tennispionieren Krumpendorfs zählen. Heute gibt es eine Vielzahl von Tennisplätzen um den See. Der Sport wurde auf die breite Masse ausgedehnt und dient als infrastrukturelle Notwendigkeit jedes größeren Fremdenverkehrsortes.

Maria Wörth um 1897

Während das Nordufer durch seine Verkehrsaufschließung gute Voraussetzungen für seine weitere Entwicklung erhalten hatte, gab es am Südufer nur Fuhrwege und Jägerpfade. Dieser untragbare Zustand wurde jedoch durch den Bau der Süduferstraße (1890—1898) beseitigt. Am 17. September 1899 erfolgte die feierliche Eröffnung durch den Monarchen auf den Namen Kaiser-Franz-Josef-Straße. Die Gäste fuhren von Klagenfurt mit Kutschen nach Maria Wörth und reisten nach einer kurzen Besichtigung der Kirche mit dem Dampfer Helios nach Pörtschach weiter. Der Herrscher, der aus Anlaß der in Kärnten abgehaltenen Kaisermanöver im Lande weilte, wurde feierlich empfangen.

Uferpartie, Pörtschach, 1899

„Da die Gemeinde es versäumt hatte, die zu den im Laufe der Jahre entstandenen Neubauten führenden Wege als öffentliche zu erklären, waren die meisten mit einer Menge von Servituten verkleistert und kam es zu Prozessen. Um diese Angelegenheit zu bereinigen, wurde eine Sitzung durch den Landespräsidenten Exzellenz Franz Freiherrn v. Schmidt-Zabiérow einberufen, wobei Bürgermeister Georg Semmelrock-Werzer und der Dichter Julius Rosen, Obmann des Verschönerungsvereines, ihre Ansichten darlegten. Nach langer Debatte versprachen die Eigenthümer der abzutretenden Grundstreifen dem Landespräsidenten in die Hand, die Wege der Gemeinde unentgeltlich abzutreten. Leider wurde es versäumt, ein Protokoll zu errichten, da man auf das abgegebene Manneswort baute. Und siehe da, schon am nächsten Tag widerrief einer der Teilnehmer sein Versprechen. Ein heiteres Intermezzo lieferten in diesen Kampfeszeiten einige Villenbesitzer, welche den Seeweg absperrten, erst mit Holzzäunen und, als diese nachts demoliert wurden, mit Mauern. Der Bürgermeister bat um Intervention der Behörde und wie alles einmal ein Ende nimmt, wurde auch die leidige Wegangelegenheit endlich definitiv erledigt."
(Alfred Leopold, 50 Jahre Pörtschach, Klagenfurt 1908.)

Hauptstraße, Pörtschach um 1900

„Interessant gestaltet sich auch ein Rückblick auf die Aenderung der sozialen Verhältnisse in Pörtschach im Laufe dieses halben Jahrhunderts. In den ersten Zeiten war natürlich keine Rede von einem geselligen Verkehre, da die wenigen Familien, welche in den paar Häusern Unterkunft fanden, sich zu Hause verköstigten, auch kein geeignetes Lokal vorhanden war, wo sich ein geselliges Leben entwickeln hätte können. Die ersten Anfänge in dieser Richtung wurden dadurch gemacht, daß die Kegelbahn gegenüber dem Gasthause Werzer ‚zum Rössel‘, welche dem Sonntagsvergnügen der Einheimischen gedient hatte, in einen Speisesaal umgewandelt wurde. Später wurde aus diesem Lokale der jetzige Bazar geschaffen, in welchem die Apotheke, Buchhandlung, Blumenniederlage und der Frisiersalon untergebracht sind. Einen sehr gemütlichen Aufenthalt bot in den Anfangsjahren das Café Werzer. Dort fanden sich nach Tisch die männlichen Sommergäste, welche gegen das schöne Geschlecht immer in großer Minderheit waren, regelmäßig zusammen und vergnügten sich bei Billard- und Kartenspiel." *(Alfred Leopold, 50 Jahre Pörtschach, Klagenfurt 1908.)*

Ortsansicht mit Karawanken, Velden, 1900

Um 1850 soll es in Velden nur zwei Sommergäste gegeben haben. Nach der Bahneröffnung nahm die Zahl jedoch beträchtlich zu. Franz Moro war der erste, der sich in Velden mit dem Fremdenverkehr auseinandersetzte. Er erwarb Badehütten, vergrößerte sie zu einer Badeanstalt, stellte einen Schwimmlehrer an und errichtete Fremdenzimmer und ein modernes Restaurant. Mit großen Geldmitteln bewarb er nun die Eröffnung des Seebades und die Heilkraft der im See vorhandenen Kalmuswurzel. Oft wurde Franz Moro wegen dieses waghalsigen Unternehmens ausgelacht und viele zweifelten die Rentabilität an. Der Erfolg blieb jedoch nicht aus. So enthielt ein Gedenkbuch für das Seebad Velden bereits im Frühjahr 1865 Eintragungen von Sommergästen aus Budapest, Wien, Berlin, Hamburg — 1869 auch aus London und Paris.

Badeanstalt Werzer, Pörtschach um 1900

Schlich man in früheren Zeiten über eine sumpfige Wiese durch Weidengesträuch bis an das Seeufer, um sich hier seiner Kleider zu entledigen und unterzutauchen — mehr zur Körperpflege als zum Vergnügen, so versuchte man mit Aufkommen des Tourismus eigene Badeanstalten zu erbauen. Ein Artikel im Kärntner Gemeindeblatt stand diesen Unternehmungen zur Seite und riet: „Bei diesen Herstellungen ist auf die Zahl, die Anforderungen und Vermögensverhältnisse der Badegäste zu sehen, denn die Anlagen erfordern größere Ausgaben und sind sehr der Verwitterung und der Zerstörung durch Eis unterworfen. Der Grund des Sees im Baderaume darf nicht schlammig oder mit Wasserpflanzen bewachsen sein. Von Wesenheit ist auch die richtige Wahl des Platzes, indem für Kinder, Frauen, Schwimmer und Taucher so vorgesorgt sein soll, daß jedem Badenden entsprechender Raum zur Verfügung stehe." *(Der Fremdenbesuch in Kärnten, Zur Erinnerung an den zwölfjährigen Bestand des kärnt. Gemeindeblattes, Klagenfurt, 1884.)*

Boots- und Badehäuser, Velden, 1900

„Während der Cur- und Badesaison langt täglich um 6 Uhr früh von Klagenfurt ein ausreichender Transport des feinen Wiener Gebäckes an. Eine sehr große, neuerbaute Bade- und Schwimmanstalt erfreut sich des zahlreichsten Zuspruches. Hier, wie auch in 16 zu den am See erbauten Villen zugehörigen Badehütten, ertheilt ein eigener Schwimm-Meister Unterricht. In den Badehütten haben die Bewohner der entsprechenden Villen das Baden vollkommen frei. Obwohl Velden jetzt mindestens 500 Badegästen Unterkunft zu bieten im Stande ist, so muß doch ein vorwärtsstrebender Badeort auf eine Vermehrung der Unterkunft gewährenden Localitäten umsomehr vorzeitig bedacht sein, als gerade in den Monaten Juli und August die Bestellungen in großer Zunahme sind." *(Edmund Tullinger, Die Bäder am Wörthersee und deren Umgebung, Wien 1881.)*

Lendkanal, Klagenfurt um 1900

„Der Gedanke, Klagenfurt mit dem See durch einen Kanal zu verbinden, ist so alt wie die von Herzog Bernhard gegründete Stadt. Im Jahre 1527 begann man mit dem gewaltigen Werk. 400.000 Kubikmeter Erde mußten mit Spaten und Schaufeln ausgehoben werden. Dieser erste Kanal begann nicht südlich sondern nördlich von Loretto." *(Margarethe Genser, Kärnten im Rückspiegel, Klagenfurt 1976.)*
„Der Landungsbereich am Villacher Tor entwickelte sich zu einem wichtigen Hafen, da Klagenfurt hauptsächlich am Wasserweg mit Nahrungsmitteln beliefert wurde. In den Gäßchen, die sich vom Villacher Ring zum Kanal hinunterziehen, wohnten meist arme Handlanger, die sich mit Ladearbeiten ihr Brot verdienten, denn das Bauholz wurde unmittelbar am Hafen zum Verkauf gestapelt. 1856 wurde die im Vordergrund ersichtliche Elisabethbrücke gebaut, die in Gegenwart des Kaiserpaares eingeweiht wurde, wobei die Klagenfurter Gelegenheit hatten, ‚Sissy' in ihrer Jugendschönheit zu bewundern — die Kaiserin war damals gerade neunzehn Jahre alt." *(Trude Polley, Klagenfurt 1973.)*

Maiernigg um 1900

Seinen großen Tag hatte Maiernigg jährlich am Pfingstmontag, wenn die Leute von allen Seiten zur Gartenwirtschaft strömten, um im Kreise einer gutgelaunten Gesellschaft den Kirchtag zu feiern.

Ursprünglich war Maiernigg ein Meierhof des Stiftes Viktring und hieß „Beim Maierhofer". Im Laufe der Jahre wurde der Name in Mairobnig umgewandelt, wovon sich die heutige Bezeichnung „Maiernigg" ableiten läßt.

Lange Zeit gab es nur ein einziges Gasthaus, das schließlich 1878 für Fremdenzwecke ausgebaut wurde. Zu den Gästen Maierniggs zählte auch der weltbekannte Komponist Gustav Mahler. Er besaß hier nicht nur eine Villa, sondern auch sein „Komponistenhäusel", ein Refugium zwischen Wald und Wasser, in das er sieben Sommer lang einkehrte.

Hier vollendete er die in Bad Aussee begonnene 4. Symphonie, schuf die 5., 6. und 7. Symphonie und komponierte auch noch einen Teil der 8. Symphonie, die „5 Lieder nach Rückert", den „Tambourgesell" aus „Des Knaben Wunderhorn" und die „Kindertotenlieder". Am 5. Juli 1907 entriß ihm der Tod hier seine vierjährige Tochter Maria Anna. Tief getroffen von diesem Schicksalsschlag gab G. Mahler seinen Sommersitz für immer auf.

36

„Auguste", Pörtschach um 1900

„In aller Stille hat sich auf dem Wörthersee das Motorboot eingebürgert. Im Jahre 1892 brachte Baron Rosen, ein Deutschrusse, das erste mit maschineller Kraft betriebene Privatboot auf den Wörthersee. Dieses Boot ,Marsch Marsch' besitzt eine Benzin-Expansionsmaschine. Zwei Jahre später stellte Herr Moritz Mayer die ,Auguste', ein mit elektrischer Kraft betriebenes Boot, ein. Seither ist die Zunahme der Motorboote rasch und immer lebhafter geworden. Am 11. September 1904 kam die erste Motorbootwettfahrt auf dem Wörthersee zustande — die erste Motorbootwettfahrt auf einem österreichischen Binnensee überhaupt." *(Kärntner Reisezeitung, Nr. 9, Klagenfurt 1909.)*

Bahnhofsrestauration, Krumpendorf um 1900

„Auch jene, die jahraus jahrein an diesem See leben, kennen ihn gewöhnlich nur aus der Zeit der heißen Monate, in denen ihre Augen für ihn erwachen, ihre Poren sich ihm öffnen, aus den Tagen praller Sonne. In den lebhaften Wochen, in denen der See ein Objekt ist, ein Mittel und Anlaß, beginnt der Kult des Genusses um seine Ränder, der ihn zu einem Wesen macht, das, höchst gegenwärtig, alle Stunden des Tages und nicht wenige der Nacht regiert. Dann muß man ihn nehmen wie einen Menschen, den Fron und Angst, etwas zu versäumen, zu einer Hast verleiten, in der sich alle ruhigen Linien seiner wirklichen Erscheinung verwischen, und in der er wieder nur mit dem gleich flüchtigen Auge betrachtet werden darf. Aber im anhauchenden Frühling und im abklingenden Herbste herrscht seine reine Seele, darf er glückliche Wochen hindurch sein eigenes Leben dauern, still und einsam." *(Die Städte Deutschösterreichs, Band IV, Klagenfurt am Wörthersee, Berlin 1929.)*

Gastwirtschaft J. Koch, Krumpendorf um 1900

„Aus mancher Sitte wird mit der Zeit eine Unsitte. Als solche wird gegenwärtig das Geben des ‚Trinkgeldes‘ angesehen, und zwar aus dem Grunde, weil unter ‚Trinkgeld‘ eine größere Entlohnung erwartet und meist auch gegeben wird, als der geleistete Dienst werth ist. Diese erhöhte Entlohnung führte zur doppelten Speculation. Einerseits gibt der Wirth seinem Dienstpersonale keinen oder nur geringen Lohn und weist es auf die Trinkgelder an, andererseits verlegen sich viele Personen darauf, die Gabe eines Trinkgeldes zu verlangen, anstatt anzugeben, welche Entlohnung ihnen gebührt. In dieser Weise mehrt sich die Zahl der Personen, bei denen Trinkgelder die Haupteinnahme bilden." *(Der Fremdenbesuch in Kärnten, Zur Erinnerung an den zwölfjährigen Bestand des kärntn. Gemeindeblattes, Klagenfurt 1884.)*

Joch. Koch's Gastwirtschaft und Fleischhauerei

Pörtschach am Wörthersee.

Halbinsel von Westen, Pörtschach um 1900

In die Konzeption der Villen wurden vielfach Elemente von Feudalbauten einbezogen. Motive oder Details von Burgen und Schlössern unterstrichen das Selbstbewußtsein der Hausbewohner. Neben der Lage unmittelbar am See bevorzugte man auch die umliegenden Hügel. Zumeist versah man die Häuser an den Berglehnen mit Türmen, die romantische Aussichtspunkte bildeten. Daneben öffneten aber auch Erker, Terrassen, Balkons und Veranden die Villen für die Natur. Parallel zu diesen Gebäuden wuchsen die ersten Hotels, die ebenfalls die Form der Villen für sich in Anspruch nahmen.

Eislauf, Pörtschach um 1900

Die hier abgebildeten Eisläufer verwenden noch die heute kaum mehr üblichen Friesen. Vor allem Langstreckenläufer bevorzugten diesen Holzschlittschuh, der auf einer Stahlschiene angebracht war und am Schuh festgeschnürt wurde. Mit diesen Friesen benötigte der bekannte Eisschnelläufer Thomas Bohrer um die Jahrhundertwende bei dem „Rennen um den Wörtherseepokal" auf der 36 km langen Strecke Loretto — Velden — Loretto nur 62 Minuten. In der Mitte des Bildes ist ein sogenannter „Eisigel" zu erkennen, ein Sportgerät, das vor allem bei Schneeis oder holprigem Eis zum Einsatz kam. Mühelos und bequem, ähnlich einem Tretroller, glitt man mit geringster Kraftanstrengung über den gefrorenen See. Die Eisigel waren eine kostbare Rarität, eine schwedische Erfindung, die die Pörtschacher aus Berlin importierten.

Restauration Hugelmann, Dellach, 1901

„Vollständig renoviert mit vorzüglicher Restauration. Eigenes Dampfboot ‚Drau' zur Verbindung mit Pörtschach. An Nachmittagen und Abenden wegen angenehm kühler Temperatur und würziger Waldluft, sowie auch wegen guter Verpflegung stark besucht. Von hier aus romantische Waldpfade sowie die neue Franz-Josef-Straße sowohl nach Maria Wörth als auch nach Velden. Durch die Errichtung eines äußerst eleganten Bades mit 50 Kabinen ist auch Gelegenheit zu Bädern in den so kalmusreichen Fluten des Sees gegeben." *(Pörtschach am See, Leipzig 1908.)*

Schloß Sekirn, Sekirn, 1902

Das Schloß Sekirn besaß zeitweise den Namen Windischgraetz bzw. Grünwald. Eine ältere Dame aus Reifnitz, die einige Jahre im Schloß unter Fürst Windischgraetz diente, erzählte: „Die Herrschaftsräume befanden sich im ersten Stock des Gebäudes, die etwa 20 Bediensteten waren im zweiten Stock untergebracht. Im Parterre hatten der Fürst und die Fürstin ihre Salons, in denen sie oft Empfänge gaben."
Während der Besatzungszeit fand das Schloß als englisches Bezirksmilitärkommando Verwendung. Als die Briten abzogen, gelangte es in den Besitz des deutschen Kaufmannes Helmut Horten. Zu diesem Zeitpunkt glich das Schloß nicht mehr dem oben abgebildeten Herrschaftshaus, das starke Ähnlichkeit mit dem Lustschloß Miramare in Triest besaß.
Horten riß das Obergeschoß ab und überarbeitete die vorhandene Bausubstanz, so daß letztendlich dieser frühere Prachtbau ein jämmerliches „Ende" fand. Diese Art der Veränderung bzw. Zerstörung eines historischen Bauwerks wird stets eine Tat bleiben, die spätere Generationen kaum mehr verstehen werden.

Weinverkostung, Pörtschach, 1902

„Porečach, das heißt ‚bei den Leuten am Bache'. Nirgends sonst an den Ufern des Wörthersees gibt es diese Verwachsenheit zwischen urhafter Natur und gezüchtetem Leben auf engem Raum so dicht beisammen. Alle Wege führen hier den der Stille Bedürftigen in das Land der Bauern oder in jungfräuliche, unbewohnte Gegend. Er hat aus dem mondänen Kurort kaum eine Viertelstunde zu gehen und er ist bereits im Jagdrevier. So entsteht an den Seeufern eine seltsame, eigenartige Mischung von Welt und Enge, von gestern und heute." *(Die Städte Deutschösterreichs, Band IV, Klagenfurt am Wörthersee, Berlin 1929.)*

Segelboot „Hermine", 1903

„Der Laie, für den der Begriff ‚Segelsport'
mit der aus zahlreichen Jugendzeitschrif-
ten geschöpften Vorstellung von der
Romantik des Seelebens mit dem Bilde
sturmgepeitschter, haushoher Wellen,
splitternder Masten und zerfetzter Segel
untrennbar verbunden ist, wird, wenn er
im Hochsommer an den Wörther See
kommt, daran zweifeln, daß auf diesem
sanften Gewässer Segelsport betrieben
werden kann. In der Vorkriegszeit waren
die erfolgreichen Rennjachten auf unseren österreichischen Segelrevieren und
speziell auf dem Wörther See fast aus-
nahmslos aus dem Ausland, namentlich
aus Deutschland, bezogen worden; erst
in den beiden letzten Jahren vor dem
Krieg war man daran gegangen, auch den
Bau von Segeljachten im Inland systema-
tisch anzuregen und zu fördern. Seit 1927
brachte alljährlich der als internationale
Trophäe ausgeschriebene ‚Wörther-See-
Preis' den Besuch ausländischer Gäste.
Bei diesen Gelegenheiten spielten die
Segler vom Wörther See und die am Wörther See gebauten Jachten eine ehrenvolle
Rolle." *(Aus Kärnten — Landschaft, Volk,
Kultur, 11. Jahrgang, Heft I, Klagenfurt
1934.)*

Kaiserfest, Pörtschach, 1903

„Den Glanzpunkt der Feierlichkeiten bilden in der Regel die festlichen Veranstaltungen anläßlich des Geburtsfestes unseres Kaisers. Wer bei solcher Gelegenheit eine Illumination Pörtschachs gesehen: die hellerleuchteten Fenster der zahlreichen Villen am Seerande und auf der Bergeshöhe, die geschmackvoll und sinnig ausgeführten Transparente, die unendliche Reihe der Lampions auf den Straßen und in den Gärten, deren Schein sich magisch auf der weiten Wasserfläche widerspiegelt, dazu die in hellem Lichterglanze erstrahlenden Boote, die sich auf den Wellen wiegen, die mächtigen Freudenfeuer auf den benachbarten Höhen inmitten der dunklen Waldbestände — der hat ein gar liebliches Bild geschaut, dessen Erinnerung in ihm nicht sobald erlöschen wird." *(Edmund Aelschker, Am Wörthersee, Klagenfurt 1891.)*

46

Aus vergangenen Tagen

„Vielleicht schliefen in den verborgenen Tiefen unserer Seelen jene Gewißheiten, die man Ahnungen nennt, die Gewißheit vor allem, daß der alte Kaiser starb, mit jedem Tage, den er länger lebte, und mit ihm die Monarchie, nicht sosehr unser Vaterland, wie unser Reich, etwas Größeres, Weiteres, Erhabeneres, als nur ein Vaterland. Aus unseren schweren Herzen kamen die leichten Witze, aus unserem Gefühl, daß wir Todgeweihte seien, eine törichte Lust an jeder Betätigung des Lebens: an Bällen, am Heurigen, an Mädchen, am Essen, Tollheiten aller Art, an selbstmörderischer Ironie und sogar an jenen Krankheiten, die uns manchmal die Liebe bescherte." *(Joseph Roth, Die Kapuzinergruft, Wien 1938.)*

Aus vergangenen Tagen, Festzug, Velden

„Bis in die zwanziger Jahre waren die Badeanstalten für die beiden Geschlechter getrennt. Strandkonzerte und Seefeste sorgen für Unterhaltung. Ein Blumenkorso, der Vorläufer des heutigen Auto- und Bootskorsos, besitzt bereits besondere Anziehungskraft. Die Kurgäste vergnügen sich auch mit Jagd und Fischfang. Das Zweirad-, Motorrad- und Automobilfahren wird noch neben dem Reiten in erster Linie als Sport gewertet, das Tennis und Croquetspiel dem Billardspielen an die Seite gesetzt." *(Karl Dinklage, Velden und Umgebung, Klagenfurt 1959.)*

Automobil „Piccolo", Wörthersee um 1903

Der nun folgende Auszug aus dem Gemeindeprotokoll Maria Wörths vom 2. März 1904 weist verblüffende Parallelen zur heutigen Straßenverkehrsordnung auf:

„1. Jedes Automobil muß mit einer Nummer ersichtlich sein.

2. Fahrgeschwindigkeit pro km 10 Minuten und auf Biegungen noch langsamer.

3. Auf Zeichen einer Equipage oder eines Fuhrwerkes muß das Automobil sofort zum Stillstand gebracht werden.

4. Wer sich diesen Anordnungen nicht fügt, wird von obiger Gemeinde zu einer Geldstrafe von 100 bis 500 Kronen verhängt, eventuell Arreststrafe."

Etablissement Wahliss, Velden, 1905

Wie es in den Anfängen des Fremdenverkehrs bei einer Dampferankunft zuging, erzählt die „Carinthia" vom 26. Mai 1855: „Wir landen in Velden. Unter den Mauern eines verfallenen fürstlichen Schlosses entfaltet sich das lebensfrohe Bild, wie es eine jede Eisenbahnstation bei Ankunft des Trains zu gewähren pflegt, eine dichte Menge müßiger Zuschauer, durch welche sich die Reisenden und Träger von Koffern und Schachteln drängen, ab- und zulaufende Mägde mit Frühstück-Ingredienzen, Gläsergeklirre, Peitschenknall, Dampfbrause, Posthornklänge, eiliges Zahlen — und wir sitzen im Wagen, der raschen Laufes den Landungsplatz verläßt."

Velden um 1905

„In Hinsicht auf Frequenz steht unter den Seeorten Velden dem benachbarten Pörtschach zunächst, denn über 1400 Fremde weilten hier im letzten Sommer; der percentuale Zuwachs an Sommergästen übertraf den Pörtschachs um ein bedeutendes. Lebensmunter ist die Gesellschaft hier wie dort; Unterhaltungen verschiedener Art, gesellige Vereinigungen, Ausflüge zu Wasser und zu Land unterbrechen nicht gar zu selten die Einförmigkeit des Landlebens, und so bietet Velden auch in dieser Richtung manche Annehmlichkeit Pörtschachs, dem es ja auch sonst vielfach würdig zur Seite steht.
Das Leben in Velden gestaltet sich nicht so anspruchsvoll, man trägt da Besitz und Reichthum nicht so sichtbar zur Schau, Prunk und Luxus halten sich in bescheideneren Grenzen; kurz, Velden ist noch frei von jeder Art großstädtischen Gehabens."
(Edmund Aelschker, Am Wörthersee, Klagenfurt 1891.)

Krumpendorf am Wörtersee.

Krumpendorf, 1906

„Während 1881 noch in Braumüllers Badebibliothek über den Mangel an modernen Unterkunftsmöglichkeiten in Krumpendorf geklagt wird, sagt Edmund Pummer bereits 1887 in seinem Büchlein über Klagenfurt und den Wörther See, daß Krumpendorf ein ziemlich lebhaft frequentierter Sommeraufenthaltsort mit vielen Villen, angenehmen Bädern und Promenaden sowie guten Restaurationen sei. Seitdem Wieninger 1885 auch eine Landungsbrücke in der Nähe seiner Badeanstalt erbaut hatte, konnte hier der Wörther-See-Dampfer anlegen. Noch günstiger entwickelte sich in Krumpendorf der Fremdenverkehrsbetrieb, als der Klagenfurter Seifenfabrikant Josef Pamperl, ein Niederösterreicher, am 28. Oktober 1891 das Krumpendorfer Schloßgut nach Wieningers Tod erworben hatte. Er richtete ein zeitgemäßes Hotel mit 25 Zimmern ein, das mit Lese- und Spielsalon, Tanzsaal, Spielplatz, Kegelstatt, Ziergarten, Naturpark, Badeanstalt und Bootsverleih ausgestattet war.“
(Karl Dinklage, Krumpendorf und Umgebung, Klagenfurt 1960.)

52

Aus vergangenen Tagen

„Gefesselt von den zahllosen Reizen des Ländchens begnügen sich jedoch viele der fremden Gäste nicht damit, ihren Aufenthalt in Kärnten nach wenigen Tagen, wenigen Wochen zu bemessen, sondern lieben es, sich da in einer Sommerfrische für mehrere Monate anzusiedeln, für solange der steinernen Enge ihrer Stadt, wo sie Amt und Beruf, der Geschäfte Last und Sorge, die strenge Jahreszeit länger als ihnen lieb zurückgehalten, den Rücken zu kehren, um Körper und Seele zu erquicken in reiner Gebirgsluft, in der Nähe schattiger Wälder, im bergumkränzten Alpenthale, am Gestade der blauen Seen". *(Edmund Aelschker, Wörthersee, Klagenfurt 1891.)*

Gruss vom Wörthersee · Dampfer „Neptun" bei Reifnitz.

Dampfer Neptun bei Reifnitz, 1906

Noch gemütlicher als auf dem Neptun ging es auf der seinerzeitigen Maria Wörth zu. Die Leitung dieser Dampfschiffahrt hatte nämlich sehr viel Sinn für Gefälligkeit und Zuvorkommenheit. Fiel einem Passagier während der Reise zufällig der Hut in das Wasser, stoppte man unverzüglich, kehrte um und fischte den Hut aus dem See. Die Besatzung des Bootes verstand es durch ihren Witz, die Passagiere soweit zu bringen, daß sie der Mannschaft gerne eine Zeche bezahlten. Nach etlichen „Tankpausen" lief man oft erst zu später Abendstunde im Lendhafen ein. Niemand war dem Kapitän böse, denn zur damaligen Zeit hatte kein Passagier einen Eisenbahn- oder Omnibusanschluß zu versäumen.

Maria Wörth, 1908

„Mit der Verordnung vom 13. März 1903, erlassen durch Kaiser Franz Josef in Budapest, wurden die Gemeinden Keutschach und Schiefling so geteilt, daß die Ortsgemeinde Maria Wörth-Reifnitz gebildet werden konnte. Reifnitz wurde, weil zentraler gelegen, zum Sitz der Kommunalverwaltung. Zu ihrem Verwaltungsbereich gehört nahezu das ganze Wörther-See-Südufer, einst auch Loretto am Ostufer, das erst in der NS-Zeit zu Klagenfurt kam, mit den Orten Maiernigg, Sekirn, Reifnitz mit Raunach und St. Anna sowie mit Maria Wörth, Ober- und Unterdellach." *(Hans Malloth, Maria Wörth, Klagenfurt 1979.)*

Etablissement Wahliss, Pörtschach, 1908

„Durch die Kumulierung der in rascher Folge entstandenen Bauten, welche für die Abfallstoffe des Haushaltes meistens nur allzu durchlässige Senkgruben besaßen, und, da an eine Kanalisation infolge des hierfür nicht geeigneten Terrains nicht gedacht werden konnte, wurde der sehr durchlässige Sandboden allzu rasch durchtränkt mit den Zersetzungsprodukten. Auch das Grundwasser war nicht mehr einwandfrei in sanitärer Richtung und tatsächlich machten sich die üblen Erscheinungen nur allzusehr im Laufe der Jahre bemerkbar durch die immer häufiger auftretenden Darmkatarrhe, welche unter dem Namen der ‚Pörtschacher Krankheit‘ dem Fremdenpublikum ganz geläufig waren. Das war eine schlimme Zeit, als ich nach einer chemischen Analyse des Grundwassers an die Gemeinde herantrat, eine Wasserleitung zu bauen. Wie wurde ich angegriffen und in den Zeitungen beflegelt. Genug an dem! Pörtschach hat nun sein reines Trinkwasser, soviel, daß auch die Besprizung der Gärten und Straßen möglich ist." *(Alfred Leopold, 50 Jahre Pörtschach, Klagenfurt 1908.)*

Reifnitz, 1909

Von Orsini-Rosenberg ist in seinem 1893 erschienenen Reiseführer folgendes über Reifnitz zu erfahren: „Dampfschiffstation, schöne Spazierwege, sehenswerte Punkte sind der Annakogel und der Margarethenfelsen sowie die Ruine Reifnitz; Gasthaus Lorenz Walcher vulgo Mossier."

1893 war schließlich die Süduferstraße bis Reifnitz ausgebaut. Der Verkehr zwischen den Siedlungen des Nord- und Südufers wickelte sich freilich noch weiterhin auf dem Wasserwege ab, trotzdem war dieses Straßenstück für Reifnitz von immenser Bedeutung. Die Weichen für einen vermehrten Gästezustrom waren gestellt. Nach der Jahrhundertwende standen auch in Reifnitz und Sekirn während der Hauptreisezeit immer mehr Menschen und Objekte im Dienste des Sommergastes.

Eisfest in Velden, Februar 1909

„Die 17 Kassiere und Kontrollore, die über 4000 Eintrittskarten verkauften, hatten einen schweren Amtstag. Die freiwillige Rettungsabteilung jedoch, die sich wie immer selbstlos in den Dienst des Festes stellte, hatte glücklicherweise keine Arbeit. Reißenden Absatz gab's beim Glühweinzelt. Aufsehen erregte der große, auf dem Eise gemauerte Herd. Lebendig war es beim Champagner und den Likören. Der Glückshafen war den ganzen Nachmittag über — im wahrsten Sinne des Wortes — belagert. Ununterbrochenes Leben herrschte auf der Eisrodelbahn. Dem originellen Bauernhochzeitszug wurde nicht zu Unrecht großes Lob und nichtendenwollender Beifall gezollt. Im Restaurant und in der Bauernstube wurden die Gäste von hübsch kostümierten Damen bestens bewirtet. Das Männergesangsverein-Quintett trug Kärntner Lieder vor, die Schrammelmusik lockte zu flottem Tanze auf dem Eis. Das Kasperl Theater bezauberte die Jugend. Im Heiratszelt verriet eine Wahrsagerin die Zukunft und im Raritätenkabinett gab es Gegenstände des lokalen Witzes. Vorzüglich geleitet war auch der Südfrüchtestand und das schwarzgelb ausgestattete Tabak- und Ansichtskartenzelt." *(Freie Stimmen, Deutsche Kärntner Landes-Zeitung, Klagenfurt 8. Februar 1909.)*

Maria Wörth im Winter

Maria Wörth um 1910

„In Maria Wörth ist das älteste Gasthaus Pirker, früher Achatz genannt, wo sich anfangs der Achtzigerjahre die ersten Sommergäste, angesehene Wiener Geschäftsleute und höhere Beamte, einfanden. Bald wurde das Haus zu eng, und nach und nach zu seiner jetzigen Ausdehnung umgebaut. Das ländliche Gasthaus Ebner ist alt, aus neuer Zeit stammt der Gasthof ‚Zur Linde‘. Die Villen in und um den Ort wurden zwischen 1890 und 1914 erbaut. Auch ein Verschönerungsverein ist in Maria Wörth tätig und seit 1923 besteht für Maria Wörth und Reifnitz eine gemeinsame Kurkommission." *(Ludwig Jahne, Wörthersee, Klagenfurt 1927.)*

Mittlerer Teil der Bucht, Velden um 1910

Um den Karawankenplatz in Velden hat der Architekt Franz Baumgartner mit zwei Objekten ein ganzes Ensemble geschaffen. Für das Hotel Carinthia variierte er die Formen des Heimatstils. Durch zahlreiche Details und durch die aufgelöste Dachpartie gliederte er den großen Block unauffällig in die Umgebung ein. Schon 1909 hat Baumgartner das danebenliegende Hotel Kointsch entworfen. Er verschmolz bei diesem Bau Formen des Jugendstils, der lokalen Romantik, barocke Ideen und englische Landhausarchitektur zu einer Einheit. Für die Sockelgeschosse verwendete er meist Steine aus den Pörtschacher Brüchen, ein Material, dessen Wiederentdeckung ihm zu verdanken ist.

Kurorchester, Krumpendorf um 1910

In der 1901 zum Hotel ausgebauten Bahnhofsrestauration konzertierte in den Jahren vor dem Ersten Weltkrieg ein feines Orchester einheimischer Kräfte unter der Leitung des Komponisten Dr. Edwin Komauer. Die Zahl der Kurgäste stieg von 500 auf 2000. Im Jahre 1910 wurde im Westen Krumpendorfs das Bad Stich eröffnet, 1911 im Osten das Bad Kropfitsch, das bereits als Familienbad eingerichtet war. In den zwanziger Jahren nahm Krumpendorf als Kurort erneuten Aufstieg. Die endlich erreichte Emanzipation der Frau hatte die trennenden Wände in den Badeanstalten fallen lassen. *(Karl Dinklage, Krumpendorf und Umgebung, Klagenfurt 1960.)*

Lendkanal mit Dampfer Loretto, Klagenfurt um 1911

Das erste Dampfschiff, das durch den Lendkanal fuhr, war die „Maria Wörth". Durch die Trockenlegung eines Moores sank der Wasserspiegel im Kanal und der Wellenschlag des Schiffes schadete der Böschung. Man beschloß, die „Maria Wörth" von Pferden durch den Kanal ziehen zu lassen. Eine bescheidene Erinnerung daran sind die an der Uferböschung abwärts führenden Wege unter der Rizzibrücke.
Als man 1875 die „Carinthia" auf ihre Jungfernfahrt durch den Lendkanal schickte, bemerkte man, daß man unter der Paternionerbrücke nicht durchkam. In der Folge wurde das Schiff so umgebaut, daß der Rauchfang umgelegt werden konnte. Das Schiffsunternehmen Arl (sen. bzw. jun.) besaß seit 1880 die Konzession für den Betrieb auf dem Lendkanal. Durch die Errichtung der elektrischen Straßenbahn 1911 verlor der Schiffsverkehr auf dem Lendkanal immer mehr an Bedeutung. Als Michael Arl (jun.) 1939 auf seinem Schiff starb, endete der regelmäßige Schiffahrtsbetrieb auf dem Lendkanal.

Maria Wörth, Dampfer Helios, 1911

„In den Anfangsjahren der Passagierschiffahrt auf dem Wörther See gab es noch keine festen Anlegestellen. Nach der Überlieferung war der Wunsch der Passagiere, die erforderliche Wassertiefe und die Existenz eines guten Gasthauses maßgebend für den Ort der Landung. Um 1890 wurden erstmals feste Landungsbrücken errichtet, welche die Gemeinden oder sonstige Interessenten zu erhalten und allenfalls zu beleuchten hatten. Dementsprechend sehr unterschiedlich ist der Erhaltungszustand der Landungsstege und deren Beleuchtungen. Die Brücke in Maria Wörth besaß von 1909 bis in die zwanziger Jahre einen Leuchtturm." *(Gerhard Mayr, Hansgeorg Prix, Die Klagenfurter Straßenbahn, Klagenfurt 1982.)*

Pörtschach a Worthersee. Werzer-Strand.

Werzer Strand mit Dampfer Neptun, Pörtschach, 1912

„Als die ersten Villen entstanden, war ein gewaltiges Geschrei über die für die damalige Zeit enorm erscheinenden Grundpreise, die gezahlt wurden — bis zu 10 Kreuzer für den Quadratklafter der am See gelegenen Plätze (vor einigen Jahren wurden für das gleiche Flächenmaß bereits 60 Kronen bezahlt). Zur Zeit des ersten Aufschwunges Pörtschachs, d. i. Anfang der siebziger Jahre, existierte eine Seepromenade noch nicht, sondern längs des Ufers nur ein schmaler Fußsteig, welcher die Verbindung des Ortes mit dem Actiengebiete herstellte. Die unangenehmen Kommunikationsverhältnisse brachten es mit sich, daß das Publikum der Ost- und Westhälfte fast gar nicht miteinander in Berührung kam und ein beschauliches Leben innerhalb seiner Grenzen genoß. Das wird wohl auch der Uranfang der Kämpfe zwischen Ost und West gewesen sein, eine von Sommer zu Sommer sich weiter ausbreitende Erbsünde, welche später zu unliebsamen Verquickungen Anlaß bot." *(Alfred Leopold, 50 Jahre Pörtschach, Klagenfurt 1908.)*

Parkhotel Karl Hysam (vorm. Wahliss), Pörtschach, 1912

Die Gemeinde Pörtschach, die 1928 den größten Fremdenverkehrsbetrieb der Region, das Parkhotel (erbaut um 1890), erwarb, war beim Anschluß Österreichs an das Deutsche Reich so verschuldet, daß der Verkauf dieses Besitzes an das Reichsfinanzministerium bei gleichzeitiger Umwandlung in eine Reichsfinanzschule durchgeführt wurde. Durch die britische Beschlagnahme nach dem Zweiten Weltkrieg wohnten noch Soldaten bis Anfang der fünfziger Jahre im Hotel. Der Verlust von 386 Betten innerhalb von zehn Jahren bedeutete nicht nur für Pörtschach, sondern für das ganze Wörtherseegebiet eine schwerwiegende wirtschaftliche Einbuße. Nachdem die Engländer das Hotel geräumt hatten, gelangte es wieder in die Hände der Gemeinde Pörtschach, die es um 1 Million Schilling erwarb. Die Kosten der Wiederherstellung beliefen sich aber auf 20 Millionen Schilling und so sah sich die Gemeinde gezwungen, den Betrieb zu veräußern. 1960 wurde das alte Parkhotel von der Firma Wayss & Freytag erworben, abgetragen und ein neues Hotel errichtet.
Gerade das neue Parkhotel ist ein Paradebeispiel dafür, daß das Gefühl für stilvolles Bauen mit Bedachtnahme auf die Ensemblewirkung, am Wörthersee im Laufe der Jahre vielfach verlorenging.

Reifnitz, 1912

„Es gibt manche, die nicht so nahe an den Ufern wohnen möchten, daß sie immer nur das Wasser vor Augen haben. Sie wollen täglich öfter als Gäste an den See kommen können, um sich dann wieder in eine grüne Nähe zu entfernen. Sie brauchen keine Jazzmusik, keine mondäne Promenade, sie wollen die Natur aus erster Hand. Weil nun am Wörthersee für jeden Geschmack, jeden Wunsch, ein Ort bereit ist, sammelt Reifnitz solche Gäste, denen es wirklich um die Segnungen des ländlichen Sommers zu tun ist, und die gerne darauf verzichten, in einer Kurliste zu figurieren." *(Die Städte Deutschösterreichs, Band IV, Klagenfurt am Wörthersee, Berlin 1929.)*

Jugendstilzimmer, Wörthersee um 1915

Das Buch „Der Fremdenbesuch in Kärnten" versuchte 1884 auf die Qualität der Fremdenzimmer Einfluß zu nehmen: „Der Fremde zieht in der Regel ein hartes Strohbett den Strohsäcken vor. Das Bett soll 2 Meter lang und gegen 1 Meter breit sein. Die Beschaffung von Roßhaarmatratzen ist anzustreben. Vor allem muß das Bett rein sein, nicht nur mit frischen Leintüchern versehen, sondern auch frei von Wanzen. Decke und Leintücher werden durch Anheften viel mehr geschont und sehen netter aus. Farbige Polsterbezüge rufen den Gedanken wach, daß sie nicht nach jedem Gaste gewechselt werden. Um diesem Mißtrauen zu begegnen, sind weiße Polsterüberzüge zu verwenden. Den Spiegel findet man entweder über dem Bette hängend oder gegenüber dem Fenster, kurz an Stellen, wo es dem Beschauer schwerfällt, sein Konterfei gut beleuchtet zu erblikken. Ein Kleiderhaken soll das sogleiche Ablegen der Hüte und der Überkleider ermöglichen, ohne Stühle, Betten oder Tische damit zu verräumen. Der Fußboden ist entsprechend oft zu säubern. Das Knarren der Thüren kann durch Einschmieren hintangehalten werden."

Bucht, Reifnitz, 1917

Die Besiedelung des Dorfes erfolgte im Hinterland, wo sich die Talebene vom flachen Uferland abzuheben beginnt und der Reifnitz-Bach sich teilt, um eine natürliche Insel in sich einzuschließen. Hier gab es anfangs nur bäuerliche Hausmühlen. Nach dem Jahr 1923, in dem ein rasches Ansteigen der Häuserzahl festzustellen ist und der Ort sich bis in die Nähe des Sees ausdehnte, ging die geschlossene Siedlungsstruktur verloren. Heute bildet ein wohlgepflegter Park an der Reifnitzer Bucht, der im angemessenen Abstand von Hotels und Restaurants umgeben ist, das Zentrum.
In dieser Bucht werden heute den Gästen alle Möglichkeiten des Wassersportes geboten. Hier wurden die Grundlagen für die Erfolge österreichischer Wasserschiläufer geschaffen. Auch Senioren-Europameisterschaften im Wasserschilauf werden hier ausgetragen.

Villenkolonie, Unterdellach, 1918

Die Entwicklung Dellachs begann relativ spät. So lautete die 1878 herrschende Auffassung noch: „Westlich von Maria Wörth, also am oberen Seebecken, befinden sich wohl eine Menge recht anziehender Punkte, doch keine Etablissements zur Aufnahme oder Bewirtung von Gästen. Es konnten eben solch kleinere Wirtschaften, wie sie vorher erwähnt worden sind, nur an gewissen Orten der Ufer des östlichen Seebeckens entstehen, wohin die Bewohner der Stadt schon vom ersten Frühling bis in den späten Herbst ihre Ausflüge, meist Nachmittagspartien, zu unternehmen pflegen. Auch konzentriert sich am westlichen Seebecken alles um die Ortschaft Velden, wovon die umliegenden zahlreichen Privatvillen den besten Beweis liefern."

Albatroshaus auf der Militär-Schwimmschule, 1918

„Die Schwimmschule ‚Zu Freyenthurn‘, auch ‚Militär-Schwimmschule‘ genannt, wurde 1872 durch einen Verein geschaffen. Das Militär stellte die Schwimmlehrer bei und badete hier. Die Anstalt wurde durch die Herren Maurer und Dr. Vest übernommen und mehrfach umgebaut und erweitert und ist jetzt wieder Vereinseigentum. Die Herren Maurer brachten auch das erste Kielboot ‚Venezia‘ auf den See. Für die Badebedürfnisse Klagenfurts genügte lange Zeit ein zum See einmal täglich verkehrender Stellwagen, der 1891 durch eine nur im Sommer betriebene Pferdebahn – die oft belachte ‚Glöckerlbahn‘ – ersetzt wurde. Seit dem Sommer 1911 wird diese Bahn elektrisch und ganzjährig betrieben.“ *(Ludwig Jahne, Wörthersee, Klagenfurt 1927.)*

Rudergemeinschaft „Nautilus", Velden um 1920

„Bereits zu Beginn der achtziger Jahre des vorigen Jahrhunderts, also vor mehr als fünfzig Jahren, fanden Ruderwettkämpfe auf dem Wörther See statt, die zwischen den beiden ältesten Rudervereinen Kärntens, dem ‚Albatros' und dem ‚Nautilus', ausgefochten wurden. Dichtes Schilf bedeckte damals noch die Seeufer, die Verbindungen waren mehr als schlecht, die Seen waren noch nicht ‚entdeckt'. Die Zeiten haben sich gründlich geändert. Verschwunden sind die Sümpfe und Schilfwucherungen. Moderne Strandbäder entstanden; sauber und reizend reihen sich die privaten Badehütten in immer größerer Zahl aneinander. Wenn irgendwo ein Vierer oder Achter anlegt, ist es so, als ob die strenge Disziplin im Boot nach der Landung sich in doppelte Übermütigkeit auslösen wollte. Blanke Lebensfreude blitzt aus den Augen, in treuer Kameradschaftlichkeit verfliegen die Stunden." *(Kärnten — Landschaft, Volk, Kultur, 11. Jahrgang, Heft I, Klagenfurt 1934.)*

Blick von der Alpe ob Maiernigg auf den Wörthersee um 1920

„Von Loretto gelangt man in wenigen Minuten über den Seearm, aus dem die Glanfurt abfließt, an das Südufer des Sees zum Maiernigg, einem beliebten Ausflugsort der Klagenfurter, wo in der Restauration gar oft bis spät in die Nacht Gläser und Lieder klingen. Die mit dunklem Nadelholz bewachsene und zum See steil abfallende Berglehne bietet in heißer Sommerzeit erquickenden Schatten, und reizende Spaziergänge führen von diesem Platze nach allen Richtungen. Westlich vom Maiernigg liegt die ‚Telegraphisten-Ruhe‘, eine unmittelbar am See gebaute Terrasse, und die ‚Schwarze Wand‘, unter welcher herauf in der Geisterstunde die Glocken einer versunkenen Stadt ertönen sollen. Denn an dieser Stelle des Sees stand, wie die Sage erzählt, vor vielen hundert Jahren eine große Stadt mit prachtvollen Gebäuden." *(Edmund Aelschker, Wörthersee, Klagenfurt 1891.)*

Blick gegen Südwesten, Velden um 1920

„Die Gasthöfe Wrann und Ulbing wurden mehrfach zwischen 1890 und 1910 umgebaut und vergrößert, das Hotel Mößlacher wurde 1912 und das Hotel Kointsch (Schloß Mößlacher) 1914 erbaut. Pension Pundschuh und Exzelsior wurden um 1900, Pension Josefinenhof 1909, und Hotel Carinthia 1925 erbaut. Auch ein Halbkreis schöner Villen entstand um das Westufer, erbaut von den Baumeistern Anton Bulfon und Lukas Schwarz und zumeist von Professor Baumgartner in Villach entworfen.
1884 bildete sich bereits ein ‚Verein zur Hebung des Seebades Velden'. Dann entstand auch ein Verschönerungsverein, der die Anlagen, zahlreiche Spazierwege, Markierungen und Alleepflanzungen ausführte. 1922 bildete sich eine ständige Kurkommission. Außer ihren Vermittlungsgeschäften führte die Kommission den Kurgarten aus, dann die Seeuferpromenade, den Musikpavillon im Kurgarten, den Fliesentanzplatz, dann die Promenade vom Schloß gegen den Marktplatz sowie die Prunkbeleuchtung. Das Terrassenkaffeehaus ist namentlich in den Abend- und Nachtstunden ein beliebter Sammelplatz der Badegesellschaft." *(Ludwig Jahne, Wörthersee, Klagenfurt 1927).*

SHS-Posten, Feb. 1920

SHS-Posten, Wörthersee, 1920

Nach dem Zusammenbruch der Monarchie drangen jugoslawische Verbände in Kärnten ein, wurden aber von freiwilligen Abwehrkämpfern unter Befehlshaber Hülgerth aus dem Lande vertrieben. Die Jugoslawen kehrten mit Übermacht zurück und nahmen am 6. Juni 1919 Klagenfurt ein. Am 20. Juni fixierte man die Demarkationslinie, die mitten durch den See vom Gasthaus Ottowitz bis zum Ostufer von Velden gezogen wurde. Dieses Bild zeigt einen SHS-Posten, der im Februar 1920 den Patrouillendienst versah.

Badehütten, Reifnitz um 1920

Eine in Reifnitz geborene Dame erzählt aus den Anfangsjahren des Fremdenverkehrs in Reifnitz: „Die ersten Gäste, die Reifnitz besuchten, blieben meist gleich mehrere Monate und mieteten Wohnungen, in denen sie sich selbst versorgten. Zum Baden ging man in die private Badeanstalt Mittelberger oder zu den langen, unverbauten Ufern des Sees. Die Damen zeigten wenig Haut, nicht so sehr aus moralischen Bedenken, sondern vielmehr, um den aristokratischen Teint — die weiße Haut — zu erhalten. Die braune Haut der Land- und Feldarbeiter galt als äußerst unchic, um nicht zu sagen verpönt.
Um die hohe Kunst des Schwimmens zu erlernen, bediente man sich eines ‚Binsengeflechtes‘, eines Vorläufers der heutigen Luftmatratze. Hatte man einen derartigen Schwimmbehelf nicht zur Hand, hielt man sich an einem Ruderboot fest und erlernte so zumindest die nötigen Beinbewegungen."

Strandbad, Pörtschach um 1920

„Wir wollen noch erwähnen, daß dieses Seebad von den Ärzten auch als klimatischer Curort empfohlen wird, insbesondere als Übergangsstation von und zu den südlichen klimatischen Wintercurorten und zur Nachkur nach den böhmischen Bädern. Ärztliche Hilfe steht hier jederzeit zu Gebote. Die Verpflichtung zur Entrichtung von (übrigens mäßigen) Curtaxen ist auf die Monate Juli und August beschränkt." *(Edmund Aelschker, Wörthersee, Klagenfurt 1891.)*

Familienausflug, Pörtschach, 1923

Das Büchlein „Der Fremdenbesuch in Kärnten", 1884, berichtete, „daß der Brauch, im Sommer auf's Land zu gehen, an Größe und Umfang außerordentlich zunimmt. Er ist jetzt ein Mode- und Luxusartikel; denn selbst ganz gesunde Leute schämen sich, auf die Frage, ob sie im Sommer auf's Land ziehen, einfach mit ‚Nein' zu antworten." Dieser Trend verstärkte sich im Laufe der folgenden Jahrzehnte und trug auch wesentlich zum Aufstieg der Orte am Wörthersee bei.

Zu den zahlreichen begeisterten Wörtherseebesuchern zählte auch die Familie des späteren Bürgermeisters von Klagenfurt, Leopold Guggenberger, der, hier im Vordergrund sitzend, als vierjähriger Knabe erkenntlich ist.

Ausflugsstation Inselwirt, Pörtschach, 1923

„Viele nehmen die Ruder zur Hand und fahren in kleinen Kähnen kreuz und quer auf dem See, um dann irgendwo zu landen und Erfrischungen zu nehmen oder aussichtsreiche Punkte aufzusuchen. In den zahlreichen Gartenwirtschaften am Uferrande gibt es der Gäste aus den Sommerfrischeorten oder aus Klagenfurt immer genug, und hier herrscht an schönen Sommerabenden ein lebhaftes Treiben bis tief in die Nacht; dem Becherklange gesellen sich dann oft die Klänge einer Musikkapelle oder eines heiteren Liedes, und von dem See herüber schallt die Antwort in vielstimmigem Gesange, den fröhliche Menschenkinder erheben, wenn sie im klaren Mondenscheine auf ihren Booten den eigenthümlich leuchtenden, unermeßlichen Wasserspiegel durchfurchen." *(Edmund Aelschker, Wörthersee, Klagenfurt 1891.)*

Pörtschach a. Wörthersee. Kaffee-Restaurant „Seepromenade"

Restaurant „Seepromenade", Pörtschach, 1923

„In reizvoller Mannigfaltigkeit präsentieren sich die schmucken Bauten mit ihren Thürmchen und Erkern, mit ihren Balconen und grünen Jalousien, ihren spitzen oder flacheren Dächern. Bald zeigt sich der Villen volle Facade, bald lugen zwischen malerischen Baumgruppen nur einzelne Theile der Gebäude hervor. Vor ihnen am Rande des Sees die zierlichen Badehäuschen, zwischen den Villen wohlgepflegte Gärten mit ihren lauschigen Ruhesitzen an schattiger Stelle und mit ihren blumengeschmückten Beeten, auf denen vornehmlich herrliche Rosen prangen, deren Cultur man in Pörtschach fast abgöttisch betreibt." *(Edmund Aelschker, Wörthersee, Klagenfurt 1891.)*

Bäckerteich und Wörthersee, Velden, 1925

„Das Gebiet des Wörthersees war mehrfach von größeren Plänen bedacht. So wurde der aus der Zeit der französischen Besetzung Kärntens stammende Vorschlag, die Drau durch den Wörthersee zu leiten, wieder aufgegriffen, um dabei den See als Sammelbecken für eine große elektrische Kraftanlage zu benützen. Das 1919 mehrfach erörterte Projekt will das Drauwasser von Rosegg aus entsprechend tief bei Velden einleiten und am Südostufer durch einen Stollen wieder in südlicher Richtung zum Abfluß bringen. Die Sorge, daß der Seespiegel beträchtlich sinken und die Wasserwärme abnehmen könnte, wurde zwar theoretisch zu widerlegen versucht, aber durchaus nicht zum Verstimmen gebracht, so daß in Anbetracht der ungeheuren Summen wohl kaum dieser Kraftgewinnung nähergetreten werden wird." *(Ludwig Jahne, Wörthersee, Klagenfurt 1927.)*

80

Hotel Miralago und Hotel Excelsior, Velden um 1925

„Erstklassige Hotels, Pensionen, Sanatorien und über 200 Villen öffnen ihre gastlichen Pforten. Elektrisches Licht, einwandfreies Hochquellenwasser und peinliche Sauberkeit findet man in jedem Privathause. Die Bevölkerung der Gegend ist liebenswürdig und entgegenkommend. Die Kosten des Aufenthaltes bewegen sich in durchaus erträglichen Grenzen. Als unterste Preisgrenze für Person und Tag können angesehen werden: 2 österr. Schillinge für das Zimmer, 6 Schillinge für die Tagesverpflegung. Die Kurkommission verfügt über vertrauenswürdige Personen, die es übernehmen, in Velden etwa nicht zu regelnde Geldangelegenheiten durch eine der benachbarten Groß-Banken zu besorgen." *(Offizieller Wörthersee-Führer, Klagenfurt 1927.)*

Reifnitz um 1925

„Den Menschen ist hier eine wunderbare Gegend geschenkt, Kirchen auf niederen Höhen, sonnige Hänge, nahe Gipfel, verträumte Teiche, Laub- und Nadelwald, ringsum ein einziges Idyll. Längs eines gluckenden Gewässers (Ribnica heißt die slawische Sprache so einen Fischbach, und davon stammt auch der Name Reifnitz) führt der Weg in das Keutschachertal. Die Landschaft allein ist schon ein Mittel der Kur. Man kann hier gar nicht anders, als immerwährend draußen zu sein, auf schmalen Feldwegen in kleine Dörfer zu gehen, auf den Lehnen einer unerhört bewegten Gliederung nachzuspüren, in die Sattnitz zu steigen, in der in Wäldern und Felswänden wahrhaftig Gemsen als Standwild leben. Eine Stunde vom See entfernt." *(Die Städte Deutschösterreichs, Band IV, Klagenfurt am Wörthersee, Berlin 1929.)*

Maria Wörth, Luftaufnahme um 1925

„Maria Wörth stand ehemals auf einer richtigen Felseninsel, die mit dem Ufer durch eine steinerne Bogenbrücke verbunden war. Erst um das Jahr 1770 wurde der Spiegel des Sees durch seinen Abfluß, die Glanfurt, etwas gesenkt, so daß Maria Wörth zu einer Halbinsel wurde. Noch heute heißt Maria Wörth in der slowenischen Sprache ‚Otek‘, was soviel wie ‚die Umflossene‘ bedeutet.

Nach seinen drei Inseln erhielt schließlich der See den Namen ‚Werdersee‘. Das althochdeutsche ‚Weride‘, später ‚Werder‘ genannt, ist gleichzusetzen mit ‚Insel‘. Erst im 19. Jahrhundert wurde der Name in ‚Wörther See‘ abgewandelt, da dies angeblich schöner und vornehmer klänge." *(Matthias Maierbrugger, Ferien am Wörthersee, Klagenfurt 1974.)*

Wörtherseedampfer, 1926

Dieses Bild zeigt den Dampfer „Thalia". Das Schiff war 1909 durch die Dresdener Maschinenfabrik Übigau erbaut worden, wurde jedoch zerlegt angeliefert und erst in einer Werft bei Pritschitz zusammengebaut. Das Schiff war hierauf bis zum Jahr 1974 am Wörthersee in Betrieb. Im Mai 1982 beschloß die Stadtgemeinde Klagenfurt die „Thalia" zu restaurieren und im Originalzustand wieder in Betrieb zu nehmen. Im Januar 1984 konstituierte sich der Verein „Wörther See-Schiff Thalia", um die für den Dampfer nötigen finanziellen Mittel aufzubringen. Die Arbeiten an der „Thalia" selbst sollen 1985 beginnen und 1986 abgeschlossen sein.

Landungsbrücke mit den Dampfern Helios und Koschat, Klagenfurt, 1926

„1898 beschloß der Gemeinderat, der Wörther-See-Schiffahrtsgesellschaft einen fixen Anlegeplatz zuzuweisen. Dazu wurde neben der k. u. k. Militärschwimmschule das Ufer durch Aufschüttung verbreitert und eine Landungsbrücke errichtet, wo auch die der Schiffahrt gehörenden Leih-Ruderboote lagen. Für diesen Anlegeplatz mußte die Gesellschaft alljährlich einen Anerkennungszins von einem Gulden leisten. Symbolische Mietzinse gab es also schon damals. Nachdem es Bürgermeister Dr. Ritter von Metnitz gelungen war, die Schiffahrt der Stadtgemeinde einzuverleiben und mit der Größe der Flotte auch die Fahrgastfrequenz stieg (1883: ca. 20.000, vor dem Ersten Weltkrieg: ca. 175.000) ging man daran, im Jahr 1915 eine neue Landebrücke zu errichten." *(Schiffahrt am Wörther See, Stadtwerke Klagenfurt, Klagenfurt 1982.)*

Strandbadrestauration, Klagenfurt, 1926

„Bereits 1926 stand die Restauration mit einem großen Gastgarten, dem Palmen ein südliches Gepräge gaben. Der Definitiv-bau wurde von Arch. Ing. Franz Koppelhuber in Steyr geplant und sah eine großzügige Anlage mit einem in den See gebauten zweigeschossigen Restaurant-Rondeau vor. Aus finanziellen Gründen unterblieb der Bau des Restaurants und des südlichen Kabinentraktes. Die Eingangshalle war jedoch groß genug, um den Buffetbetrieb provisorisch aufzunehmen. In den folgenden Jahren wurden zahlreiche Investitionen getätigt, es kam zur Errichtung eines Sportbades (1932), zum Ausbau von Fremdenzimmern (1933), zum Bau des ‚Kabinentrakt-Süd' (1954).
Zwischen 1960 und 1980 kamen Schlag auf Schlag Erweiterungen hinzu, um den Ansturm der Badegäste verkraften zu können. 1984 wurde schließlich das neue Strandbadrestaurant eröffnet." *(60 Jahre Strandbad Klagenfurt, Klagenfurt 1984.)*

Strandbad, Klagenfurt, 1926

„Ein großzügiges Projekt wurde unter dem Klagenfurter Bürgermeister Dr. Gustav von Metnitz ausgearbeitet. Es sollte das ans östliche Seeufer anschließende Gebiet entwässert, verparkt und mit Villen bebaut, an das Ufer aber ein Vergnügungsetablissement ersten Ranges gesetzt werden. Diese Absichten wurden damals zurückgestellt. 1925 erstand unter dem Bürgermeister Dr. Wolsegger, ausgeführt vom Stadtbauamt, ein umfangreiches Strandbad, eine Halling und Parkanlage, Strandcafé usw., 1926 vergrößert, soll unter Bürgermeister Dr. Bercht dieser großzügige Plan fortgesetzt und nach und nach das ganze Gebiet zwischen Strand und Lendkanal in eine Parkanlage mit vornehmen Hotels umgewandelt werden." *(Ludwig Jahne, Wörthersee, Klagenfurt 1927.)*

Gruppenbild mit Schwimmern, Strandbad Klagenfurt, 1926

„Die Kärntner, so weit sie an den Seen wohnen, besonders aber die Klagenfurter, waren schon immer tüchtige Schwimmer. Hat doch in der ‚guten alten Zeit' vor dem Kriege, als man noch die engen ‚Pfeiferlhosen' und wahre Röhren als Kragen trug, ein Herr, dessen Name auch heute noch einen guten Klang hat, gewettet, in voller, von der damaligen Mode vorgeschriebenen Kleidung mit Hut und Spazierstock von der Militärschwimmschule nach Maiernigg zu schwimmen und die Wette gewonnen. Ja, es gibt Wasserratten, männliche und weibliche, die schwimmen, wenn es ihnen zu langweilig wird, vom Klagenfurter Strandbad nach Loretto und Maiernigg, von da hinüber nach Krumpendorf zum ‚Kropfitsch' und wieder zurück ins Strandbad, so wie andere Leute einen kleinen Spaziergang unternehmen." *(Kärnten — Landschaft, Volk, Kultur, 11. Jahrgang, Heft I, Klagenfurt 1934.)*

Sprungtrampolin mit Rutschbahn, Strandbad Klagenfurt, 1927

„Das Bad ist sowohl durch seine große Ausdehnung als auch in bezug auf sein Fassungsvermögen eines der größten Bäder Europas. Die verbaute Fläche des vollständig ausgebauten Bades beträgt 12.000 m², die unverbaute, vom Bau eingeschlossene Landfläche 20.000 m², und die zum Bade gehörige Wasserfläche über 30.000 m². Das eigentliche Badebassin mit einem Flächenspiegel von 20.000 m² wird von zwei je 100 m langen Badebrücken begrenzt, die im Abstand von 200 m in den See eingebaut sind. Jede dieser Brücken hat eine Bodenfläche von 500 m² und erweitert sich an ihrem Ende zu einer Plattform, auf welcher Trampolins, Rutschbahnen und Sprunggelegenheiten aufgebaut sind." *(Die Städte Deutschösterreichs, Band IV, Klagenfurt am Wörthersee, Berlin 1929.)*

Strandbad und Erholungsstätte, Maiernigg, 1927

Maiernigg galt stets als beliebter Ausflugs-, Bade- und Erholungsort. In den zwanziger Jahren gab es bereits ein Strandbad, Strandwohnungen, einen Strandgasthof mit Gastgarten und Bassins für Kinder und Nichtschwimmer. Im Sommer 1967 wurde den Stadtwerken das Strandbad Maiernigg von der Stadt Klagenfurt übergeben. Bereits 1969 präsentierte es sich in neuem Glanze. Sein Ruf als ruhiges Familienbad hat sich im Laufe der Jahre immer wieder bestätigt.

Klagenfurt - Wörthersee. Blick auf das Strandbad und Karawanken

Das Strandbad nach Baubeginn, 1927

„Aus einem Brief des Abtes von Viktring aus dem Jahre 1624 läßt sich schließen, daß die Jesuiten schon zu dieser Zeit Badehütten in Pörtschach besaßen. Bis zum Aufkommen des Fremdenverkehrs galt das Baden bei den Ortsansässigen keineswegs
als lustvolle Freizeitbetätigung.
Bald darauf existierten aber schon Badehütten, die das ‚Unter-Wasser-Tauchen' erlaubten, wie auch klassische Badehäuser im
Stile der Militärschwimmschule. Ein Wandel vollzog sich um 1930, als man versuchte, den kulturellen Aspekt des Badens in
der Architektur auszudrücken, indem man die Anlagen mit den klassischen Kompositionsmitteln öffentlicher Bauten gestaltet. Ein wohl einmaliges Beispiel in Kärnten ist das Klagenfurter Strandbad." *(Peter H. Schurz, Die Architektur am Wörthersee
in Kärnten, Graz 1983.)*

Klagenfurt-See, 1928

„Von Klagenfurt zieht die Villacher Reichsstraße dem Wörthersee zu und dann sein Nordufer entlang; seit 1864 ist die Stadt durch die Südbahn mit dem See verbunden, und nun vermittelt auch die vom Südbahnhofe ausgehende und die Hauptstraßen der Stadt durchziehende Tramway den Personenverkehr bis zur Militär-Schwimmschule. Durch die neuen Verkehrsmittel verlor die alte Wasserstraße zum See viel von ihrer Bedeutung. Ohnehin bot die halbstündige Fahrt mit dem Dampfboote durch den Lendcanal wenig Annehmlichkeiten. Die Böschungen des Canals sind sehr hoch und verwehren fast jeden Ausblick. Erst außerhalb der Reichsstraßenbrücke, nächst dem Bootshause des Ruderclubs ,Nautilus', werden die Ufer flacher und gewähren freie Ausschau." *(Edmund Aelschker, Wörthersee, Klagenfurt 1891.)*

Abend am Dampfersteg, Klagenfurt-See, 1928

„See und Gebirge, südliche Anmut und nordische Schroffheit, Alpenglühen und italienische Nächte — und wenn im Sommer die Sonne purpurn hinabgesunken ist und der Mond silberne Brücken über den See baut, flinke Motorboote mit weißen, grünen, roten Positionslichtern ihre funkelnde Bahn durch die schimmernde Flut ziehen, aus lampiongeschmückten Ruderbooten Gesang aufsteigt und die lichtbekränzten Ufer ein halb unsichtbares, geheimnisvolles, heißes Leben einschließen, dann ist jene Stimmung erfüllt, die in der Melodie des Wortes ‚Riviera‘ liegt." *(Offizieller Wörthersee-Führer, Klagenfurt 1927.)*

Sekirn am Wörthersee. Strandhotel Wienerheim

Strandhotel Wienerheim, Sekirn um 1928

Auch hier trieb einst der Wald seine Wurzeln bis ins Wasser vor. Mit der Axt begann man schließlich zu roden. Dieses Werkzeug verlieh Sekirn auch seinen Namen, denn das slawische Wort „Sekira" bedeutet nichts anderes als „Axt". 1880 wurde Sekirn von den ersten Badegästen entdeckt, die im Hause Jungbauer logierten. 60 Personen konnten zur damaligen Zeit hier bereits gleichzeitig Unterkunft finden. Dieses Bild zeigt einen Teil des Besitzes des Strandhotels Wienerheim, der sich in einem Ausmaß von 16.000 Quadratmeter erstreckte. Das Unternehmen bestand aus einem Restaurationsgebäude mit einem hübschen luftigen Gastgarten, fünf Dependencen, einem Strand- und Sonnenbad.

Aus vergangenen Tagen, Maria Wörth, um 1928

Mit dem Motorboot hat sich neben vielen anderen Sportarten am See eine rasante und sehr beliebte Sportart entwickelt. Hat man sich anfänglich auf einem Brett stehend im Schlepptau eines raschen Bootes durchs Wasser ziehen lassen, so werden heute auf Schiern, oft ist es auch nur ein Schi, die tollsten Kunststücke am Wasser gezeigt. Einige Spezialisten schaffen es sogar ohne Schier, nur mit den bloßen Füßen, sich vom Boot ziehen zu lassen. Der Wörthersee gilt heute nach wie vor als Eldorado des österreichischen Wasserschisports und bringt immer wieder große Talente und Könner hervor.

Ortsansicht, Maria Wörth, 1928

„Heute ist Maria Wörth ein vielbesuchtes Seebad, dessen Fremdenzahl sich in stetig aufwärtsstrebender Linie bewegt. Zeitgemäß geführte Hotels und Villen sorgen für Unterkünfte und Verpflegung, Badeanstalten stehen in stattlicher Anzahl den Fremden zur Verfügung. Maria Wörth ist Anlegeplatz sämtlicher Dampfschiffe und Motorboote, die nach allen übrigen Seeorten einen dichten Verkehr unterhalten. Die Aufenthaltskosten belaufen sich in der Vor- und Nachsaison für Wohnung und volle Verpflegung auf 7 bis 9 Schilling, in der Hauptsaison (Juli, August) auf 10 bis 14 Schilling." *(Offizieller Wörthersee-Führer, Klagenfurt 1927.)*

Bau des Terrassenhotels, Krumpendorf, 1928

Der k. u. k. Fregattenkapitän Rudolf Brosch erwarb im November 1913 Josef Pamperls Schloßbesitz samt Schwimmschulhügel. Er übertrug diesen Besitz seinem ältesten Sohn, der ihn an Hermann Roßbacher, den Eigentümer des Hotels „Europa" in Fiume verkaufte. Roßbacher veräußerte seinerseits den Schloßbesitz, behielt aber den Schwimmschulhügel für sich. An dieser Stelle erbaute er 1928 das erste Seehotel, das er durch gedeckte Korridore mit der Seerestauration verbinden ließ. Das Hotel erhielt ferner eine sehr schöne Promenade zum dazugehörigen Strandbad. Im Herbst 1973 begann man mit der Abtragung des allzu baufälligen Gebäudes.

Dampfer-Auffahrt am Wörthersee

Dampfer-Auffahrt (Neptun, Helios, Thalia), 1928

Bis zur Mitte des 19. Jahrhunderts wurden am Wörthersee nur Frachten befördert. Mit Flößen und Holzschiffen, mit zwei Ruderern bemannt und mit einem kleinen Segel ausgestattet, wurde Klagenfurt hauptsächlich auf dem Wasserweg versorgt. Es war viel billiger und bequemer, die schweren Lasten über den See zu bringen, als auf der holprigen Norduferstraße mit Fuhrwerken zu fahren.

Einige aufgeschlossene und finanzkräftige Bürger Klagenfurts kauften am 9. Oktober 1853 das erste Dampfschiff, den Raddampfer „Maria Wörth", und setzten es zum Personentransport ein. Das Unternehmen, das anfangs belächelt wurde, konnte allerdings schon in der Saison 1855/56 30.000 Personen befördern. Als die „Maria Wörth" 1873 durch technische Gebrechen nicht mehr einsatzfähig war und sich die erste Gesellschaft auflöste, wurden einige Jahre später weitere Schiffahrtsgesellschaften gegründet, die aufgrund des steigenden Zustroms von Gästen an den See neue und größere Schiffe („Neptun", 1883, „Helios", 1892) ankauften.

Fortsetzung nächste Seite.

Gesamtansicht der Wörtherseeflotte

Gesamtansicht der Wörtherseeflotte, 1929

1. Reihe: „Lindwurm", „Fritzi", „Türk"
2. Reihe: „Metnitz", „Loretto", „Lorelei", „Hermann"
3. Reihe: „Koschat", „Neptun", „Thalia", „Helios", „Wulfenia"

Da jedoch diese Schiffe den seichten Lendkanal nicht befahren konnten, mußte ein „Zubringer" errichtet werden. So wurde 1891 die Pferdeeisenbahn installiert, die 1911 von einer elektrischen Straßenbahn abgelöst wurde. In den zwanziger Jahren beförderte die Wörtherseeschiffahrt schon ca. 300.000 Personen — größtenteils jedoch Berufstätige — zu ihren Arbeitsplätzen in die Stadt.
Der Rekord an Beförderungsleistung wurde 1942, in den Wirren des Zweiten Weltkriegs, erbracht. 450.000 Personen, hauptsächlich verwundete Soldaten, waren in diesem Jahr Passagiere bei Ausflugsfahrten.
Insgesamt beschäftigten sich sieben Gesellschaften (ausgenommen Taxi-Schiffe) mit der Schiffahrt am Wörthersee. Die Schiffahrtsgesellschaft der Stadt Klagenfurt, die 1913 gegründet wurde, betrieb das Transportgeschäft am See nach dem Tod von Michael Arl jun. im Jahr 1939 konkurrenzlos weiter und beförderte in den Jahren 1970—1980 im Schnitt 260.000 Personen während der Sommermonate.

Aus vergangenen Tagen

„Mit vollem Rechte nennt man den Wörthersee das Juwel, die Perle Kärntens.
Eine Wegstunde westlich von der Landeshauptstadt Klagenfurt liegt er als das
größte Wasserbecken des Landes und als
dasjenige, dessen Vorzüge und Schönhei-
ten bisher am meisten gewürdigt worden
sind, tief eingebettet zwischen den Chlo-
ritischen Thonschiefern der Berge seines
nördlichen Ufers und dem ihn vom Drau-
thale scheidenden tertiären Mittelgebirge
des südlichen Gestades in einer Höhe von
439,2 m über der Adria. Sein nach Osten
und Westen offenes, gegen Süden und
Norden von Vorbergen begrenztes Thal
erstreckt sich mehrfach gewunden in
einer Länge von 16,5 km und mit sehr
wechselnder Breite (durchschnittlich
1.235 m) so ziemlich parallel mit der
Hauptrichtung der Ostalpen." *(Edmund
Aelschker, Wörthersee, Klagenfurt 1891.)*

Maria Wörth mit Dampfer Neptun, 1929

„Ich habe lange nach einem Totenacker gesucht, auf dem ich, an eine Mauer gedrückt, einmal ruhen könnte, einem Friedhof, wo niemand in Versuchung käme, mir einen nüchternen und langweiligen Stein zu setzen, weil er sich ausnehmen würde wie ein bunt aufgedonnerter Mensch unter dunkel und still gekleideten Gestalten, einen Kirchhof, wo ich ein schmiedeeisernes Grabkreuz haben könnte, nach der Art der alten, nicht mehr gebräuchlichen, und es dürfte ruhig in Wetter und Regen rosten. Und da weiß ich denn bis in das tiefste Land hinein mir nirgends mehr einen so schönen Platz als in Maria Wörth. Ich weiß selbst kaum warum: denn es ist nicht der echte, der herbe Bauernkirchacker, und seine Umgebung sind nicht das ausgestorbene Dorf oder die einsamen Felder, aber inmitten des tönenden, des eiligen Lebens, ist die emporgehobene Kirche ein Eiland, und auf den vielen Stufen, die zu ihr hinaufführen, fällt die Welt von den Menschen wie ein unreiner Mantel ab." *(Josef F. Perkonig, in Kärnten — Landschaft, Volk, Kultur, 8. Jahrgang, Heft 3, Klagenfurt 1931.)*

Blick gegen Süden, Krumpendorf um 1928

Wie es sich aus der windischen Benennung „Kriva Vrba", d. h. krumme Weide, schließen läßt, hat der Ort ursprünglich „Krumpenfelben" gelautet. Velbe ist eine uralte deutsche Bezeichnung der Weide. Erst später, als der zweite Teil nicht mehr verstanden wurde, hat man ihn durch das allgemeinere Grundwort „Dorf" ersetzt, ein Vorgang, der sich auch anderwärts nachweisen läßt. Übrigens kam Velden durch Dissimilation des Wortes Velb'n zum Namen Veld'n.
Tatsächlich standen früher verkrüppelte Weidenbäume am Bach neben der Moosburgerstraße. Viele Ortsbewohner behaupten aber, daß die „krumme Felwe" im Krumpendorfer Schloßhof wuchs. Die Schloßkinder setzten sich gerne in den gebrochenen Stamm und fühlten sich in seinem Schutze wohl. Den Erwachsenen war er aber nicht geheuer, denn man erzählte sich, daß ein verhunzeltes Männchen, der Schutzgeist des Schlosses, darin hauste. So kam es, daß sie ihren Kindern nach dem Abendläuten den Aufenthalt bei der Weide verboten.

158 Klagenfurt m. Strandbad v. Turm a. schwarzen Felsen-Maiernigg   Fot: Klauer

Maria Loretto mit Dampfer Metnitz, 1929

Johann Andreas Graf von Rosenberg erbaute 1652 sein Schloß auf dem Felsen, der damals als Insel aus dem Wasser ragte. Neben dem Tor überquerte eine Brücke das Wasser, so daß man das Schloß auch mit der Kutsche erreichen konnte. Zur damaligen Zeit glich die romantische Mündung des Lendkanals einem Stück Venedig. Ein halbes Jahrhundert später zerstörte ein durch Unvorsichtigkeit ausgelöster Brand das Schloß und seine Anlagen.
Schloß Loretto wurde in bescheidenem Maße wieder aufgebaut. Für Gäste standen in den achtziger Jahren des 19. Jahrhunderts im ersten Stock Salons und Zimmer zur Verfügung. Der höher gelegene Teil des Gartens diente Restaurationszwecken, der tieferliegende war zu einem Ziergarten gestaltet, in welchem sich ein Lusthaus befand.

103

Stapellauf des Schiffes „Velden", Velden, 1928

Die Werften am Wörthersee waren hauptsächlich mit dem Bau von Motor-, Ruder- und Segelbooten beschäftigt.
Als größten Auftrag vollendete eine Veldner Werft das Motorschiff „Velden" (später Wulfenia) für die Wörther-See-Schiffahrtsgesellschaft, überzog dabei aber die äußerst knapp bemessene Lieferzeit um acht Wochen. Da das Unternehmen das gewaltige Pönale von S 28.000,— nicht bezahlen konnte, wurde 1929 die Schiffahrtskonzession samt dem Eilboot „Velden" und dem Motorboot „Hermann" an die Wörther-See-Schiffahrtsgesellschaft verpfändet.

Wasserflugzeug, Velden, 1930

Im Jahre 1929 nahm das in Pörtschach stationierte Wasserflugzeug „Nelly", das am 14. Juli 1929 von der Gattin des Bürgermeisters von Klagenfurt, Nelly Bercht, getauft wurde, Rundflüge über den Wörthersee auf. Der Tarif für einen Rundflug betrug 100 Schilling, eine Summe, die zur damaligen Zeit nur die wohlhabendere Schicht berappen konnte. Geplant war auch die Errichtung einer Binnen-Fluglinie vom Wörthersee zum Ossiachersee und Millstättersee, die jedoch nie zur Ausführung gelangte.

Aus vergangenen Tagen, Velden

„Buchstäblich seit Jahrtausenden läßt sich hier der menschliche Leib von dem wohltätigen Wasser bespülen. Die Bucht war schon ein Bad der römischen Frauen, wie sie heute ein Bad der zeitgenössischen Frau ist. Das Weib dominiert: die mondäne Dame, die junge Mutter, die Gattin im Eheurlaub. Der Mann ist im wesentlichen der Fluggast." *(Die Städte Deutschösterreichs, Band IV, Klagenfurt am Wörthersee, Berlin 1929.)*

Tennis, Pörtschach um 1930

Schon im Jahre 1896 wurde in Pörtschach das erste Tennisturnier ausgetragen, ein Jahrzehnt nach Wimbledon. Bis Anfang der siebziger Jahre fanden mit kurzen Unterbrechungen 59 internationale Lawn-Tennisturniere statt. Pörtschach war gerade deshalb so beliebt, da es nirgendwo sonst diese herrliche Komplexität von Unterkunfts-, Sport- und Freizeiteinrichtungen gab. Dieses Bild zeigt in der Reihe von links die Herren Ing. Brosch, Dir. Santner, Ing. Kriso und die legendäre Anna Werzer, die Eigentümerin der „Hotelstadt Werzer". Dieses Unternehmen stellte lange Zeit den größten Hotelbetrieb dieser Art in Österreich dar.
Pörtschach ist nach wie vor eine der Tennismetropolen Österreichs — hier werden neben vielen anderen Turnieren Tennis-Europa-Cup-Pokalspiele ausgetragen.

Seerestauration und Strandhotel, Krumpendorf um 1930

1902 wurde nach dem Vorbild des Café-Restaurants am Bassin der Binnenalster in Hamburg die Seerestauration (400—600 Sitzplätze) von Josef Pamperl auf über 100 Piloten in den See hinausgebaut. Die ersten Piloten wurden im März in den See gerammt und schon im Juni feierte man die Eröffnung. Die übrigen Wirte Krumpendorfs betrachteten den Neubau mit Argwohn, da sie eine starke Konkurrenz befürchteten. Es dauerte aber nicht lange, bis wieder Ruhe in die erregten Gemüter einkehrte. Mit Freude bemerkte man, daß hauptsächlich Gäste aus den umliegenden Gemeinden und Klagenfurt in der Restauration einkehrten.

Spaziergang am Friedlsteg, 1931

Der Friedlsteg reichte von den Bootshütten bei der Dampferanlegestelle Klagenfurt bis zum Schrotturm. Benannt wurde der Steg um 1912 durch die Gemeinde Krumpendorf zu Ehren des Generalmajors Johann Friedl, einem Mann, der sich um den Fremdenverkehr sehr verdient gemacht hat. Viele Klagenfurter spazierten hier auf einen Besuch zum Schrotturmrestaurant, von wo aus ein herrlicher Rundblick gegeben war. Heute befindet sich diese ehemals beliebte Gaststätte in einem sehr baufälligen Zustand.

Die Bucht von Velden am Wörthersee

Bucht mit Dampfer Thalia, Velden, 1930

Einer der vielen, der dem Reiz Veldens mit seinen lieblichen Villen, den Strandpromenaden und den Naturschönheiten der Umgebung vollauf erlag, war der Komponist Alban Berg. Das 1932 in einer Versteigerung erworbene „Waldhaus" in Auen wurde ihm für die letzten Jahre der geliebte Aufenthalt, wo Lulu und das Violinkonzert entstanden. Der Sommer, in dem er Ernteurlaub auf dem Land nahm, galt als die eigentlich fruchtbare Arbeitsperiode (identisch mit G. Mahler). Hier wurde das Arbeiten nur durch den Besuch von Freunden, durch lange Wanderungen und Autofahrten mit seinem Ford unterbrochen. „Mein Ford ist sehr brav, ich hoffe als Fahrer bald seiner würdig zu werden", schrieb er an einen Freund. Das Waldhaus gilt noch heute als beliebter Treffpunkt bedeutender Musiker. Auch der alte Ford befindet sich noch in der Garage; er wurde blendend instandgehalten.

Ostbucht mit Dampfer Thalia, Pörtschach, um 1930

„Der Dampfer überquert dann, die kleine „Schlangeninsel" passierend, den See, um durch einen engen, ausgebaggerten, kurzen Kanal in die Westbucht von Pörtschach zu gelangen. Wir landen zuerst beim Etablissement vormals Wahliss, dessen ausgedehnte Baulichkeiten die ganze vorspringende Halbinsel bedecken und von dessen Restaurations-Terrasse ein prachtvoller Blick auf das gegenüberliegende Maria Wörth genossen werden kann; reizvoll ist auch der große Park, in dem sich das Herbeck-Denkmal befindet. Der Dampfer landet dann am Werzerstrand; hier befinden sich der Musikpavillon, das Café Werzer, die Tennisplätze, Badeanstalten und Villen Dependencen des Etablissements Werzer." *(Klagenfurt und der Wörthersee, Klagenfurt 1905.)*

Zeppelin über Pörtschach, 1931

Ferdinand Graf von Zeppelin hatte sich schon 1874 mit dem Bau eines Luftschiffes beschäftigt, nahm als württembergischer General 1891 seinen Abschied und widmete sich seit 1892 der Verwirklichung seines Planes, ein lenkbares, von Motoren angetriebenes Starr-Luftschiff mit einem Gerippe aus Ringen und Längsträgern zu bauen.
Ein besonderes Ereignis, das überall Begeisterung auslöste, war dann der Besuch dieses Luftschiffes unter der Führung Dr. Eckeners am 12. Juli 1931. Der Zeppelin flog von Klagenfurt kommend über den Wörthersee nach Villach.

Ein Nachmittag im Strandcafé, Pörtschach, 1933

„Die Strandbäder sind vollkommen neuzeitlich eingerichtet, sogar ein eingebauter Friseur-Salon fehlt dort nicht. Die aufliegenden Vergnügungsanzeiger weisen eine Reichhaltigkeit auf, von denen wir hier nur einige Proben geben können: Kurkonzerte, Fünf-Uhr-Tee mit Tanz, Abendunterhaltungen mit Original-Jazz-Band, Tänze im Strandtanzgarten und Café Werzer usw. Ferners internationale Lawn-Tennisturniere, Segel- und Ruderregatten, Wettschwimmen, Reitunterricht und Geländeritte mit Rassepferden unter fachmännischer Leitung. Die 14 Kilometer entfernte Landeshauptstadt hat einen eigenen Sender, wodurch die Hörer des Radio weniger unter Störungen leiden. Klagenfurt, das bisher eine Zwischenstation auf der Fluglinie Wien – Venedig war, soll in Hinkunft Knotenpunkt von vier internationalen Flugverkehrslinien werden. *(Offizieller Wörthersee-Führer, Klagenfurt 1927.)*

Spedition, Krumpendorf, 1933

Josef Spicks Spedition war das einzige Unternehmen in Krumpendorf, das zur damaligen Zeit in der Lage war, Güter in größeren Mengen zu transportieren. Seine Fuhren beschränkten sich nicht nur auf Sand und Schotter. Spick übernahm alle Transporte, die gerade anfielen. Am Sonntag gab es die von der Jugend heiß ersehnten Ausflugsfahrten, die manchesmal bis zum Loiblpaß führten. Auf der Ladefläche wurden Bierfässer verankert, darüber ein Brett gelegt und schon ging es auf die Reise. Spick galt als ein Meister der Improvisation. Als man auf einer Ausflugsfahrt nach Hochosterwitz in einem Getreideacker landete und die Luft aus den Reifen entwich, füllte man die Schläuche einfach mit Sägespänen und schon ging die Reise weiter. Auf die Frage, wie lange denn Herr Spick gearbeitet hatte, antwortete uns ein alter, weiser und ortskundiger Krumpendorfer mit allergrößter Selbstverständlichkeit: „Gearbeitet hat er natürlich, bis er g'storben ist!"

Strandbad Bulfon mit Hotel Carinthia, Velden um 1934

„Die Badegewohnheiten folgten immer neuen Trends. Die Badekostüme werden raffinierter, reizvoller und dann wieder weniger reizvoll. Diesem Wandel unterlag auch die Gestaltung der Wasserspiele. Von einem flachen Sprungbrett bis zum technisch perfekt konstruktiven Formgebilde eines Turmes. Das Ruderboot war auch nicht mehr attraktiv genug — Tretboote und E-Boote wurden auf dem See eingesetzt. Wer es sich leisten konnte fuhr einen 50 PS starken Benziner. Allgemein kann man sagen, daß die Wasserspielgeräte technisch perfektioniert und immer luxuriöser wurden, der unmittelbare Kontakt zum Wasser nahm jedoch wieder ab." *(Peter H. Schurz, Die Architektur am Wörthersee in Kärnten, Graz 1983.)*

Maria Loretto, 1934

Obwohl der folgende Bericht aus dem Jahre 1891 stammt, hat er wenig an Aktualität verloren: „Der ‚Eislaufverein Wörthersee' zu Klagenfurt veranstaltet nicht bloß verschiedene Vergnügungen auf dem Eisspiegel, sondern sorgt auch für die Sicherheit der Schlittschuhfahrer und richtet sein Augenmerk ganz besonders auf eine für Schlittschuhläufer practicable Verbindung zwischen dem See und Klagenfurt auf dem Lendkanal. Die von dem Verein im letzten Winter auf dem See in Stand gesetzten Bahnen hatten einen Gesamtflächeninhalt von 137.000 m². Daß der See zur Winterszeit mit seiner Eisdecke den Anwohnern auch die Dienste einer Straße leistet, daß man über dieselbe zu Fuß und zu Wagen nach allen Richtungen verkehrt und, daß Unvorsichtigkeit bei solcher Gelegenheit schon manches Unglück herbeigeführt, sei hier nebenbei erwähnt." *(Edmund Aelschker, Wörthersee, Klagenfurt 1891.)*

Eislauf, Wörthersee, 1934

„Es ist keine Seltenheit, daß an einem schönen Sonn- oder Feiertage sich 3000 Personen gleichzeitig diesem gesunden Sport hingeben, denn er ist so sehr schon Gemeingut aller Altersstufen und Gesellschaftsschichten geworden, daß es eine Seltenheit ist, auf die Frage: ‚Können Sie eislaufen?‘ nicht ein verwundertes ‚Selbstverständlich‘ zu hören. Unbeschreiblichen Hochgenuß bietet das Befahren des Sees bei Spiegeleis und sonnigem Wetter, wenn das vollkommen durchsichtige Kristalleis bald grün, bald licht- oder dunkelblau, je nach der Farbe und Tiefe des Seegrundes schimmert und die Grenzen zwischen Eis und Wasser dem Auge schwinden.“ *(Die Städte Deutschösterreichs, Band IV, Klagenfurt am Wörthersee, Berlin 1929.)*

Aus vergangenen Tagen, Velden

„Es sei noch bemerkt, daß alte Wiener und Grazer Frauenärzte von großem Rufe den Wörtherseebädern einen günstigen Einfluß auf die Fruchtbarkeit der Frauen zusprechen, der unzweifelhaft auf den Einfluß des Schwimmsportes zurückzuführen ist, der im warmen Alpenseebad in ausgedehnterem Maße gepflegt werden kann als anderswo. — Der Kuriosität halber soll noch mitgeteilt werden, daß einer Wallfahrtskapelle in der Nähe des Kurortes, der Kapelle ‚Zum heiligen Josefi im Forst‘, in dieser Richtung besondere Erfolge nachgesagt werden." *(Offizieller Wörtherseeführer, Klagenfurt 1927.)*

Golfplatz, Dellach, 1935

Auszug aus einem Brief Graf Laczi Hoyos vom 20. April 1934 an einen guten Freund:
„Golf, lieber Freund, ist eben der Sport par excellance. Golf vereinigt die Vorzüge sämtlicher Sportarten in sich, ohne ihre Nachteile zu beinhalten. Sie treiben gesündeste Gymnastik und trainieren Ihren Körper in vollkommener Gleichmäßigkeit. Sie werden zu Höchstleistungen physischer und psychischer Art gezwungen, ohne jemals der Gefahr einer Übermüdung ausgesetzt zu sein. Die Gesamtheit aller angeführten Vorzüge kann Golf allerdings nur dann bieten, wenn die betreffende Anlage hochwertig ist. Auf der ganzen Welt mit ihren etwa 10.000 Golflings gibt es nur äußerst wenige, die das Epitheton ‚hochwertig' für sich in Anspruch nehmen dürfen. Sie können sich also denken, was es heißt, wenn die anerkanntesten Autoritäten auf dem Gebiete der Golfarchitektur und des Golfspieles unseren Platz am Wörther See als einen der hochwertigsten der Welt bezeichnen!"

Festessen, Velden um 1935

Dieses Bild zeigt ein Festessen im ehemaligen Restaurant Bulfon. Der Speisesaal ist heute das Herz des Veldener Spielcasinos, wo man sich zu Roulette, Baccara oder Black Jack trifft. Zwischen den beiden Obern in Weiß, an der Querseite der Tafel, ist der ehemalige österreichische Bundespräsident Wilhelm Miklas erkennbar.

An jenem verhängnisvollen Tag, dem 25. Juli 1934, an dem Bundeskanzler Engelbert Dollfuß ermordet wurde, befand sich Miklas in Velden.

Kurt Schuschnigg, der nachfolgende Bundeskanzler, kontaktierte Miklas telefonisch und besprach mit ihm die Marschroute der Regierung nach dem Putsch.

Tanznachmittag, Velden, 1935

„Den Vormittag verbringen die Gäste mit der nassen Kurzweil des Bades in den großen, mit allen Requisiten zu Wasserscherzen jeder Art wohl versehenen Strandbädern und Seebadeanstalten. Nach Tisch macht man ein Schläfchen oder liegt in der Sonne, bis die Klänge der vorzüglichen Kurmusik das Zeichen zur Jause geben. Dann macht man einen Ausflug mit Dampfer, Boot oder Auto, oder flankiert den Korso im Kurgarten entlang und tanzt ein wenig auf dem Fliesen-Tanzplatz vor dem Musikzelt. Abends geht man je nach Laune ins Theater, ins Kino, in den Kursaal oder in eine der Bars. Dies ist der Verlauf eines Tages, an dem sozusagen nichts los ist. Denn es gibt in rascher Abwechslung Bälle, Tombolas, Preistanzen, Regatten der Motorboote, Segel- und Ruderveranstaltungen, Aufstiege mit dem Wasserflugzeug, Modenschauen, Schönheitskonkurrenzen, Akademien, Schwimmturniere u. a. m." *(Offizieller Wörthersee-Führer, Klagenfurt 1927.)*

Krumpendorf am Wörthersee m. Mittagskogel

Krumpendorf um 1935

Die ältesten Gasthäuser Krumpendorfs sind der Simonwirt (heute Krumpendorferhof), Wipponig (heute Koch) und Kuchling (heute Alte Post). Josef Pamperl gründete 1900 den ersten Verschönerungsverein und warb in Zeitschriften und Broschüren für Krumpendorf. Aus Wien, Budapest und anderen Städten liefen immer mehr Anfragen ein. Die Zahl der Gäste stieg jährlich an. Der historische Ortskern erhielt in den Jahren vor dem Ersten Weltkrieg durch neue Gaststätten und Villen somit bereits eine bedeutende Erweiterung. Auch das Wiesenland zwischen Hauptstraße und Seeufer fand immer mehr Interessenten. Heute säumen vom Seebad in Gurlitsch bis gegen das Gut Walterskirchen Hotels, Villen und Badeanlagen das Ufer.

Reifnitz um 1935

„450 Meter über dem Meeresspiegel liegt Reifnitz idyllisch am buchtenreichen, ruhigen Südufer des Wörthersees. Reiche Badegelegenheiten, alle Arten des Wassersports, Jagd, Fischerei, Touristik, Lawn-Tennis, Konzerte, Café. Günstige Verbindungen, Dampferhaltestelle, Postauto zu den Fernzügen, Post, Telegraph, Telephon. Arzt im Orte. Hotels, Gasthöfe und 28 Privatvillen, die 500 Personen günstigste Unterkunft bieten. 15 Wohnungen mit Küchen in Villen. Vorsaison inklusive Zimmer und Fremdensteuer S 7,—, Hauptsaison (Juli, August) S 10,— bis S 12,—." *(Offizieller Wörthersee-Führer, Klagenfurt 1927.)*

Wörthersee-Sportfeste, 1937

„Der Gedanke der Wörthersee-Sportfeste, im Sommer 1935 geboren, mag ein Wagnis, seine erstmalige Verwirklichung im Jahre 1936 einen glücklichen Versuch bedeutet haben. Das Ergebnis der Wörthersee-Sportfeste 1937 bringt mehr, das beweist nicht allein die hervorragende internationale Beschickung, nicht nur der Massenbesuch, das bestätigt vor allem das Echo und die Beachtung, welche man in der europäischen Presse gefunden hat. Die Wörthersee-Sportfeste als neue österreichische Spezialmarke sind bereits internationaler Begriff geworden. Die vorläufige Abschlußliste weist nach, daß 1041 inländische und 545 ausländische Sportler heuer teilgenommen haben. Es gibt in Österreich keinen zweiten Raum, der alle Voraussetzungen für ein internationales Sommer-Sportzentrum so erfüllen könnte wie das Wörthersee-Gebiet. Kärnten kann stolz sein, die erstklassigsten Regattenstrecken, einen der schönsten Golfplätze der Welt, das größte österreichische Wassersportstadion und eine der idealsten Marathonstrecken zu besitzen." *(Rede A. Gratzhofer, Geschäftsführender Vize-Präsident der Wörthersee-Sportfeste, Klagenfurt, 21. August 1937.)*

Schloßbad mit Dampfer Neptun, Velden, 1937

„Da anfangs im besonderen die Wiener Kinderärzte Velden bevorzugten und ihre hierher geschickten kleinen Patienten glänzend erholt und gekräftigt heimkehrten, schien Velden ein Kinderkurort par excellence zu werden. In erster Linie muß die wohltätige Wirkung der Bäder aber auf alte Leute angeführt werden. Es ist eine Freude zu sehen, welche Wirkung schon eine Badesaison auf bejahrte Kurgäste ausübt; der Gang wird elastischer, die Gesichtsfarbe frischer, das ganze Gehaben jugendlicher. Zugleich ist auch meist eine beträchtliche Gewichtsabnahme zu verzeichnen. Zahlreich finden sich auch Kurgäste mit Erkrankungen der Atmungswege oder des Nervensystems ein." *(Offizieller Wörthersee-Führer, Klagenfurt 1927.)*

Dellach am Wörthersee mit Golfhotel, 1938

Der Erbauer des Golfhotels, dieser exklusiven Anlage, die eine kleine Anhöhe einnimmt und so weithin sichtbar ist, war der englische Major Foster. Das große Gebäude, errichtet im Jahre 1936, diente vorerst nur privaten Zwecken. Dadurch, daß die beiden oberen Stockwerke aus Holz bestehen, wirkt der Komplex ungemein landschaftsverbunden. Der Golfkurs liegt in einer Meereshöhe von 450 m, verfügt über 18 Löcher (Einheit 70 m) und erstreckt sich über eine Länge von beinahe sechs Kilometern. Dellach selbst avancierte im Laufe der Zeit zu einem besuchenswerten Ort im weiten Wanderparadies um Maria Wörth und bietet heute zahlreiche Möglichkeiten zur Ausübung des Motorboot-, Wasserschi- und Segelsports.

Velden am Wörthersee. Strandcafé Bulfon 1100

Strandcafé Bulfon, Velden, 1939

„Dort wo jetzt das Casino-Bad ist, war einst Wald, später ein Campingplatz. Am Ufer stand das ‚Strandcafé', ein Holzbau, der auch ein Restaurant und die Konditorei des Hotels Bulfon beherbergte. Vor dem Krieg spielte dort die bekannte Kapelle Kreuzberger zum Tanz auf; die Deutsche Wehrmacht benutzte das Strandcafé dann als Heeres-Kleiderkasse, den Engländern war es später als Offiziersmesse willkommen. In diesem Gebäude begann der Spielbetrieb in Velden — als ‚Strandcasino'. 1961 mußte es dem neuen Bad weichen: Die Veldner Feuerwehr veranstaltete eine große Übung — und brannte es fachgerecht nieder." *(Veldner Zeitung, Nr. 47, Velden 1984.)*

Friedlsteg mit Terrassencafé Restaurant Schrottenburg, 1941

„Wandert man von der Militär-Schwimmschule auf der nach Villach führenden Reichsstraße weiter, so gelangt man bald zu der Rainer'schen Schrot- und Menningfabrik in Gurlitsch. Vor derselben erhebt sich aus dem Felsengrunde der 67 m hohe Schrotthurm, von dessen Höhe das geschmolzene Blei durch Siebe herabgegossen wird, um, in Tropfen vertheilt, während seines Falles Kugelgestalt anzunehmen und am Fuße des Thurmes erstarrt als Schrot anzulangen." *(Edmund Aelschker, Wörthersee, Klagenfurt 1891.)*

Reifnitz, 1945

„Der Zweite Weltkrieg bewirkte mit seinen Beschränkungen und neuen Gesetzen bald einen völligen Stillstand der Siedlungstätigkeit in der Region. Die Bombenangriffe führten aber bald dazu, daß vor allem in den Seeufergemeinden für wohnungslose Städter Behelfsheime errichtet wurden, die sich durch Zu- und Umbauten allmählich in bleibende Wohnsitze verwandelten. In den ersten Jahren nach Kriegsende entstanden teils mit, teils ohne behördliche Genehmigung aufwendige Villen und Wochenendhäuser in der Seeuferzone. Angespornt durch diese „Beispiele" baute sich dann auch der Arbeiter und Angestellte mit oft bescheidensten Mitteln ein ‚Wochenendhaus', das nicht immer eine Bereicherung des Landschaftsbildes bewirkte. Erst durch die Ausarbeitung von Flächenwidmungsplänen für alle Wörtherseegemeinden seit 1949 ist es gelungen, diese ungünstige Entwicklung in geordnete Bahnen zu lenken. Land und Gemeinden sind nun bemüht, Ufergrundstücke anzukaufen, um sie der Öffentlichkeit zur freien Benutzung zu erhalten." *(Rudolf Wurzer, Regionalplanung für den Wörthersee, Köln 1956.)*

Hubertushof, Velden, 1945

Durch die Moskauer Deklaration vom 1. November 1943 wurde von den alliierten Mächten Österreich die Wiedererrichtung eines freien Staates zugesichert. Am 8. Mai 1945 rückten britische Truppen und jugoslawische Partisanenverbände in Kärnten ein. Dreizehn Tage später verließen die Jugoslawen unter dem Druck der britischen Militärregierung das Land. Die Briten selbst blieben bis zur Errichtung des Staatsvertrages im Jahre 1955 in Kärnten stationiert. Der Hubertushof wurde zur Zeit der Besatzung in ein Rekonvaleszentenheim umfunktioniert, weiters befand sich im Haus das „Green-Man-Pub", eine gern besuchte Gaststätte der Engländer.

Obuslinie, Krumpendorf, 1949

Als eine äußerst wichtige Verkehrsverbindung galt die 1949 erbaute Obuslinie von Klagenfurt nach Krumpendorf, die wesentlich dazu beitrug, daß sich Krumpendorf immer mehr zur Wohngemeinde der Landeshauptstadt entwickelte. Die Verkehrsaufschließung um den See bewegte stets die Gemüter der hier wohnenden Bevölkerung. So tauchte um die Jahrhundertwende der Gedanke einer Wörthersee-Rundbahn auf. Es sollte eine Tramwaybahn um den ganzen See installiert werden, um den Gästen und Einheimischen einen noch größeren Anreiz zu bieten, den Wörthersee zu besuchen und hier zu verweilen. Leider scheiterte die Realisierung dieses Projekts an der Finanzierung, sprich mangelnder Risikobereitschaft.

131

Maria Wörth um 1950

Maria Wörth war stets das Ziel vieler Hochzeiter aus der ganzen Seelandschaft. In früheren Zeiten heiratete man in der „Werder"-Gnadenkirche, um das höchste Glück im Ehestand zu erbitten. Die Trauung in Maria Wörth war allerdings mit einer besonderen Sitte verbunden. Auf der Anhöhe gegenüber der Felseninsel, wo der schattige Wald dem Pyramidenkogel zustrebt, stand durch viele Jahre ein großes Holzkreuz mit einem Betschemel davor. Hier mußte jede Braut ein Weilchen zum Gebet niederknien, vom Erlöser die Vergebung der Jugendsünden erflehen und um einen glücklichen Ehestand bitten. Dieweil die Braut dieser alten Zeremonie nachkam, warteten die Hochzeitsgäste an der steinernen Bogenbrücke vor der Inselkirche. *(Matthias Maierbrugger, Durch alle Täler Kärntens, Klagenfurt 1982).*

Skikjöring, Wörthersee, 1950

„Eine der schönsten Winterübungen, das Skifahren, war früher in Kärnten unbekannt und ist erst durch die Sportmode hier eingeführt worden; das Skikjöring wurde bis jetzt nur von einigen wenigen probiert. Auch das Eishockey ist bisher leider noch wenig eingebürgert. Zwei Wintersportarten — das Fahren mit Segelschlitten und das Schlittschuhsegeln — wurden seinerzeit auf dem Wörthersee eingeführt, sind seither aber wieder in Abnahme gekommen." *(Kärntner Reisezeitung, Nr. 1, Klagenfurt 1909.)*

Aussichtswarte, Pyramidenkogel um 1950

Die Gemeinde Keutschach beschloß auf dem 851 Meter hohen Pyramidenkogel eine Aussichtswarte zu erbauen. Im Mai 1950 ging der 22 Meter hohe Holzturm in Betrieb. Um 5,5 Millionen Schilling entstand 18 Jahre später ein Stahlbetonturm. Einige Zeit befanden sich die beiden Ausblickstationen nebeneinander, bis man sich entschloß, den alten Holzturm abzutragen. Heute saust man in 24 Sekunden zur ersten Plattform in 43 Meter Höhe. Von dort begibt man sich über eine Treppe zur höheren Plattform und genießt von dort aus einen wunderbaren Rundblick. Bis zum Herbst 1984 zählte man 2,2 Millionen Besucher.

Cap Wörth, Velden um 1950

Fürst Borghese, der italienische Vertreter in der Abstimmungskommission von 1920, kaufte in der Zwischenkriegszeit das Areal von Cap Wörth und erbaute darauf eine Villa. In den vierziger Jahren veräußerten seine Erben den Besitz an die Arbeitsfront der nationalsozialistischen Einheitsgewerkschaft. Nach kommissarischer Verwaltung durch die Republik Österreich übernahm der ÖGB als Rechtsnachfolger der Deutschen Arbeitsfront den Grund samt Villa und errichtete ein Jugendheim. Noch heute gilt Cap Wörth als einer der größten zusammenhängenden Grundbesitze am See.

Bucht mit Dampfer Wulfenia, Reifnitz, 1952

Die Entwicklung eines Fremdenverkehrsortes erfordert nicht nur eine aufgeschlossene Bevölkerung, sondern infrastrukturelle Maßnahmen, die für die kleinen Orte große finanzielle Belastungen darstellen. Am Beispiel der Gemeinde Maria Wörth/Reifnitz sieht man deutlich, wie viele Einrichtungen notwendig sind, um den Anforderungen eines modernen Fremdenverkehrs gerecht zu werden.

Im Jahre 1912 wies die Gemeinde nur acht Fremdenverkehrsbetriebe auf, die Wohnungen zu vermieten hatten. Die Entwicklung wird anschaulich, wenn man betrachtet, daß 60 Jahre später weit über 300.000 Nächtigungen gezählt wurden. Diese Zahl erklärt die rasante Aufwärtsentwicklung der Gemeinde mit allen dazugehörigen infrastrukturellen Einrichtungen wie Wasserversorgung, Stromversorgung, Parkanlagen, Sportanlagen, Straßenbeleuchtung, Strandbäder mit Parkplätzen, WC-Anlagen und eines der schwierigsten Probleme am See, die Kanalisation.

1978 wurde in Reifnitz der Anschluß an die Ringkanalisation fertiggestellt. Dieses erste Teilstück kostete der Gemeinde etwa 25 Millionen Schilling.

Velden am Wörthersee. Wasserskispringen *1101*

Wasserschispringen, Wörthersee, 1955

In den Glanzzeiten der fünfziger Jahre reichten die Betten nicht aus, um alle unterzubringen, die zum Frühstück auf der Seeterrasse einen Wasserschisprung von Rikki Mahringer sehen oder sich im Schatten des deutschen Kaufhauskönigs Horten oder des Herzogs von Windsor sonnen wollten. In den fünfziger Jahren begannen aber auch viele die Adria zu entdecken. Die diversen Touristikbüros forcierten diesen Trend durch Betonung des Reizes anderer Länder und Billigreisen. Durch anspruchsvollere Angebote aus anderen Fremdenverkehrsgebieten waren die Gäste immer weniger bereit, die Hotels am Wörthersee aufzusuchen, die von ihren Einrichtungen her kaum mehr in der Lage waren mit dem internationalen Standard zu konkurrieren. Es rächte sich, daß man in der Zeit der Hochblüte nicht bereit gewesen war zu investieren. Unter allergrößten Bemühungen begannen Gemeinden und Privatleute das Versäumte nachzuholen.

Weltrekord am Wörthersee, Pörtschach, 1956

„Gestern um 6 Uhr früh gelang es dem Deutschen Christoph von Mayenburg auf seinem Drei-Punkte-Boot Mathea VII in der 800-Kilogramm-Klasse mit 130,961 Kilometer in der Stunde seinen eigenen Weltrekord aus dem Jahre 1954, ebenfalls in Pörtschach aufgestellt, beträchtlich zu verbessern. Leichte Dunstschleier zogen noch in der Bucht gegen Velden hin, als sich die Mechaniker bereits an dem Weltrekordboot zu schaffen machten, das am Pier vor dem Werzer Strandcasino vertäut war. Foto- und Presseleute drängten sich um das silbergraue, rassige Ungetüm im Wasser, das durch einen Sechszylinder-Motor mit 300 PS angetrieben wurde. Wenige Minuten vor dem Start erschien Mayenburg selbst in einem roten Sporthemd und mit Sturzhelm. Gefahren wurde dann auf der 15 km langen Strecke Pörtschach — Velden und zurück.“ *(Neue Zeit, Nr. 154, Klagenfurt 1956.)*

Autocorso, Velden, 1958

„Attila Hörbiger als Wellenreiter und Paula Wessely zogen die Noblesse von Wien an, die in blumengeschmückten Barken, auf Gemeinschaftsrutschen in den See und bei Mißwahlen im Autocorso ihr ‚Alotria' trieb. Es galt als schick, übers Wochenende mit dem Porsche an den Wörthersee zu rasen. ‚Man' reiste, wie die ‚Große Österreich-Illustrierte' 1951 begeistert schrieb, ‚im Juli und August an den Wörther See, so wie man im Februar nach Kairo, im April nach Nizza und im Juni nach Deauville und Baden-Baden fährt'. Bei so vielen hochfeinen Adressen zahlte es sich für amerikanische Dollarmillionäre aus, ihre Rolls-Royce nach Europa zu schiffen." *(Aus Trend, Nr. 8, Wien 1978.)*

Minimundus, Klagenfurt 1959

„Im Juli des Jahres 1957 eröffneten Privatleute im damals noch wenig attraktiven Wörthersee-Dreieck von Klagenfurt die Miniaturstadt ‚Mineurop'. Das Unternehmen ging jedoch bereits nach zwei Monaten in Konkurs. Ein Jahr später erwarb die Gesellschaft ‚Rettet das Kind' die Konkursmasse um den Betrag von 160.000 Schilling. Ohne internationale Finanzierungshilfen wäre ‚Minimundus' unrealisierbar gewesen. So half ein Brite, der sich als Vertreter des ‚Save the Children Fund' schon während der Besatzungszeit um Kärntens Jugend sehr verdient gemacht hatte, mit einer großartigen Spende. Seit Jahren schon liegen die Besucherzahlen nun knapp unter der Halb-Millionen-Grenze. Beinahe alle Modelle, von denen der Katalog derzeit 110 nachweist, sind völlig originalgetreu im Maßstab 1:25 nachgebaut." *(Hermann Th. Schneider, 25 Jahre Minimundus, Klagenfurt 1984.)*

Velden am Wörthersee Kärnten Spielcasino   4507

Spielcasino, Velden 1960

Nachdem in Pörtschach 1922 und 1934 Spielsalons für kurze Zeit eröffnet wurden, verdankte es Velden der Initiative Rudolf Pessiaks, daß die „Österreichische Casino AG" im Juli 1950 im Hotel Bulfon ihr neues Casino installierte. Bis auf zwei Umbauten blieb es bis heute im wesentlichen unverändert erhalten. Zu den Besuchern der ersten Stunde zählten Aristokraten aus Wien, Graz und Italien. Mit Omnibus-Zubringerdiensten versuchte man die Besucherfrequenz zu steigern. Trotz vieler privater Initiativen steckte man aber bedenklich in den roten Zahlen. 1967 gründete man die „Österreichische Spielbanken AG", deren Leitung Dr. Leo Wallner im Jahre 1969 übernahm. Seit seiner Führungsübernahme stiegen die Besucherzahlen auf das Fünffache. Einen beträchtlichen Anteil an dieser Aufwärtsentwicklung verdankt man zweifelsohne dem Veldner Casino unter Direktor Sanderman, dem es bereits dreimal gelang, erfolgreichster österreichischer Spielbankenbetrieb zu sein.

141

Wasserprobe, Krumpendorf, 1964

Anfang der sechziger Jahre berichtete die ausländische Presse, daß das Wasser des Wörthersees verunreinigt sei. In der warmen Jahreszeit entwickelte sich in 10 m Wassertiefe die Alge Oscillatoria rubescens, die im Spätherbst nach oben zu steigen begann und sich dann am zugefrorenen See meist direkt unter der Eisdecke befand. Zu diesen Zeiten sprachen die Einheimischen davon, daß „der See blüht". Heinz Messiner schrieb aber in einem 1964 erschienenen Artikel, daß die Algen nicht gesundheitsschädlich sind und auch für das Baden hygienisch unbedenklich. Zur Demonstration des einwandfreien Badewassers unternahmen hierauf Gemeinderäte „Private See-Trink-Kuren".

Durch das rapide Anwachsen des Fremdenverkehrs und des Badebetriebes war es trotzdem unumgänglich geworden, eine Großkanalisation für das Seegebiet zu errichten. Daß der See Trinkwasserqualität besitzt, ist eines der vielen Qualitätsmerkmale, mit denen man heute den Wörthersee bewirbt. Mit Freude registriert man, daß der in- und ausländische Gast nach wie vor den Wörthersee, die „Riviera" Österreichs, gerne und oft besucht.

Nachworte

Im Herbst 1984 baten wir die Bürgermeister der See-gemeinden um eine kurze Stellungnahme über die Bedeutung des Wörthersees für ihre Gemeinde (Gegenwartsstandpunkte und Zukunftsperspektiven).

Es war eine ausgezeichnete und gute Idee der zwei jungen Herausgeber, die Vergangenheit unserer Stadt im Bereich des Wörthersees wieder einzufangen und zu publizieren. Daraus wird nicht nur die traditionelle Verbundenheit Klagenfurts mit dem Wörthersee ersichtlich, sondern auch die Tatsache, wie sehr die Klagenfurter auch in der Vergangenheit mit ihrem See verbunden waren und nach ihrer Art die von ihm gebotenen Möglichkeiten genutzt haben.

Leopold Guggenberger
Bürgermeister von Klagenfurt

Für die Gemeinde Maria Wörth/Reifnitz stellt der Wörthersee eine bedeutende Lebensader dar. Der Fremdenverkehr wurde im Laufe des vergangenen Jahrhunderts zur wirtschaftlichen Basis der Gemeinde. Beinahe einmalig in Österreich ist es, daß der Zugang zum Seeufer auf weiten Strecken entlang der Straße möglich ist. Ein sich im Stadium der Planung befindliches Veranstaltungszentrum in Reifnitz, sowie der weitere Ausbau der Süduferstraße von Maria Wörth nach Velden sollen bald realisiert werden. In Zukunft sollen dem Gast neben einem Badeurlaub vermehrt andere Erholungsmöglichkeiten zur Verfügung stehen.

Nikolaus Lanner
Bürgermeister von Maria Wörth/Reifnitz

Die Bedeutung des Wörthersees für Velden und seine Bewohner ist geschichtlich betrachtet heute größer denn je. Der See ist mit dem größten Teil des touristischen Geschehens verbunden, da in ihm und auf ihm Sport oder einfach Bewegung betrieben wird und um ihn die Seelen der Gäste in wohlverdienter Urlaubszeit baumeln. Durch die Anstrengungen in der Reinhaltung des Sees zu einer „sauberen Badewanne", ist auch die Zukunft gesichert. Neben dem wirtschaftlichen Aspekt ist der See für die Veldner selbst das den Heimatort besonders prä-gende Element. Er bietet den kräftigen Ton in der einzigartigen Melodie unserer Landschaft, die auch die Einheimischen genießen.

Valentin Petritsch
Bürgermeister von Velden

Der Wörthersee war und ist bis heute Mittel- und Hauptanziehungspunkt der Gäste aus aller Welt und stellt nach wie vor die Grundlage der wirtschaftlichen Absicherung und Existenz der Einwohner unseres Kurortes dar. Die jahrzehntelange Aufwärtsentwicklung wäre ohne den See „als touristisches Angebot" nicht denkbar gewesen. Mit aller Macht und großen Anstrengungen wurden in den letzten Jahren Maßnahmen gesetzt, um dem Wasser des Sees wieder die notwendige Klarheit und Reinheit zu geben. Die nunmehrige Fertigstellung der Ringkanalisation bedeutet eine Investition für die Zukunft, deren positive Auswirkungen auf die Weiterentwicklung unseres Fremdenverkehrs wir derzeit in ihrem vollen Umfang gar nicht abzuschätzen wissen.

Johann Pagitz
Bürgermeister von Pörtschach

Heute ist Krumpendorf ein Urlaubsort im Grünen, eine Mischung aus alter Sommerfrische und modernem Seebad. An den 7 km Seeufer in Krumpendorf gibt es drei öffentliche Strandbäder, die zu den schönsten des Wörthersees gehören. Das Seegrundstück für ein viertes Bad (evtl. FKK), wurde von der Gemeinde angekauft. Die Freiwillige Feuerwehr Krumpendorfs unter dem Kommandanten Hans Koch hat die Internationale Sternfahrt der Feuerwehren in Krumpendorf gegründet, und ist bestrebt, unseren Ort als internationale Feuerwehrmetropole bekannt zu machen. Urlaub in der Natur soll in Krumpendorf groß geschrieben werden. Naturverbundene Veranstaltungen, wie Weitwandertage des Fremdenverkehrs-Vereines, Rad-Wanderungen, Segelregatten und Fischerei-Wettbewerbe, sollen in Krumpendorf den Urlaubsspaß erhöhen.

Helmut Pirker
Bürgermeister von Krumpendorf

Bibliographie

Aelschker Edmund, Am Wörthersee, Klagenfurt 1891.
Burkert Günther, Der Beginn des modernen Fremdenverkehrs in den österr. Kronländern, in Schriftreihe der Arbeitsgemeinschaft für Wirtschafts- und Sozialgeschichte, Graz 1981.
Dinklage Karl, Krumpendorf und Umgebung, Klagenfurt 1960.
Dinklage Karl, Velden und Umgebung, Klagenfurt 1959.
Genser Margarethe, Kärnten im Rückspiegel, Klagenfurt 1976.
Günzl Peter, Die Veldner Chronik 1850—1939, Velden 1983.
Jahne Ludwig, Wörthersee, Klagenfurt 1927.
Klagenfurt und der Wörthersee, Klagenfurt 1905.
Kreuzer Anton, Gastliche Stätten, Klagenfurt 1966.
Krobath Karl, Veldens Ehrenbuch, Graz 1905.
Leopold Alfred, 50 Jahre Pörtschach, Klagenfurt 1908.
Malloth Hans, Maria Wörth, Klagenfurt 1979.
Maierbrugger Matthias, Ferien am Wörthersee, Klagenfurt 1974.
Maierbrugger Matthias, Durch alle Täler Kärntens, Klagenfurt 1982.
Mayr/Prix, Die Klagenfurter Straßenbahn, Klagenfurt 1982.
Messiner Heinz, Probleme des Wörthersees, Klagenfurt 1964.
Offizieller Wörtherseeführer, Klagenfurt 1927.
Polley Trude, Klagenfurt, Klagenfurt 1973.
Pörtschach am Wörthersee, Wien 1958.
Roth Joseph, Die Kapuzinergruft, Wien 1938.
Scheichelbauer Bernhard, Kurort Velden, Klagenfurt 1925.
Scherliess Volker, Alban Berg, Hamburg 1975.
Schurz Peter H., Die Architektur am Wörthersee in Kärnten, Dis. Graz 1983.
Soos Gerhard/Soos Rainer, Velden, wie es einmal war, Klagenfurt 1984.

Stein Erwin, Die Städte Deutschösterreichs, Band IV, Klagenfurt am Wörthersee, Berlin 1929.
Tullinger Edmund, Die Bäder am Wörthersee und deren Umgebung, Wien 1881.
Türk Heinz, Der Wörther See, Villach 1947.
Ulbing Ernst, Velden mit Umgebung, Klagenfurt 1884.
Wessling Berndt, Gustav Mahler, Hamburg 1974.
Wickenburg Erik, Österreich, Gütersloh 1981.
Woerl Leo, Pörtschach am See, Leipzig 1908.
Wurzer Rudolf, Regionalplanung für den Wörthersee, in Raumforschung und Raumordnung, Bad Godesberg 1956.

*

Der Fremdenbesuch in Kärnten, Zur Erinnerung an den zwölfjährigen Bestand des kärnt. Gemeindeblattes, Klagenfurt 1884.
MGV Pörtschach, Chronik, Klagenfurt 1969.
Schneider Hermann Th., 25 Jahre Minimundus, Klagenfurt 1984.
Stadtwerke Klagenfurt, 60 Jahre Strandbad, Klagenfurt 1984.
Stadtwerke Klagenfurt, Schiffahrt am Wörther See, Klagenfurt 1982.
Wörthersee-Sportfeste 1927, Klagenfurt 1937.

*

Kärnten — Landschaft, Volk, Kultur, 1.—11. Jahrgang, Klagenfurt 1924—1934.
Kärntner Reise-Zeitung, Klagenfurt 1909.
Neue Zeit, Klagenfurt 1956.
Trend, Wien 1978.
Veldner Zeitung, Velden 1984.

Bildnachweis

Bulfon, Velden: 43, 115, 127, 130. Cerny, Pörtschach: 23, 27, 35, 37, 45, 79, 105, 113. Eigenverlag Karner/Weiss: 6, 26, 32, 33, 40, 51, 60, 65, 71, 76, 77, 83, 93, 99, 101, 110, 117, 118, 124, 129, 136, 139. Fiebinger, Velden: 141. Gemeinde Krumpendorf. 114, 122, 142. Gemeinde Maria Wörth: 24, 25, 29, 55, 59, 68, 96, 134. Gust, Reifnitz: 75. Happe, Dellach: 104. Kern, Pörtschach: 67. Koch, Krumpendorf: 39. Koenig, Reifnitz: 57, 66, 78, 123. Landesarchiv Kärnten: 30, 34, 42, 43, 50, 52, 54, 56, 64, 69, 70, 73, 80, 94, 102, 103, 125, 126, 137.

Mayrobnig, Krumpendorf: 8, 14, 17, 19, 20, 28, 61. Magistrat Klagenfurt: 140. Neuscheller, Pörtschach: 47, 100. Obmann, Krumpendorf: 97. Paier, Klagenfurt: 62, 63, 72, 81, 85, 87, 88, 89, 90, 92, 98, 108, 109, 111, 116, 119, 121, 128. Prix, Klagenfurt: 9, 36, 84, 131, 149. Rapatz, Pörtschach: 16, 44, 46, 74, 133. Sabitzer, Maria Wörth: 11, 95, 132. Semmelrock-Werzer, Pörtschach: 7, 10, 15, 18, 41, 112. Soos, Velden: 12, 13, 22, 58, 106, 120, 135. Stadtwerke Klagenfurt: 86, 91. Zieritz, Pörtschach: 21, 31, 33, 49, 53, 107, 138.